本书得到"财政部和农业农村部：国家现代农业产业技术体系资助（项目编号：CARS-35）""民办学校产教融合与校企合作创新机制研究（项目编号：GMG2024087）"资助，特此感谢！

2022年中国生猪市场发展报告

2022 NIAN ZHONGGUO SHENGZHU SHICHANG FAZHAN BAOGAO

张海峰　谢铿铮　王祖力　主编

中国农业出版社

北　京

编 写 人 员 名 单

主　　编　张海峰　　谢铿铮　　王祖力

参编人员　谢水华　　陈哲夫　　刘小红

主创单位　湛江科技学院生猪产业研究所

支持单位　广东省农业技术推广中心

在全球经济一体化日益加深的今天，畜牧业作为农业的重要支柱，其市场走势不仅牵动着国家粮食安全的神经，也深刻塑造着国际农产品贸易的格局。而生猪市场作为畜牧业中的关键一环，其市场动态和趋势分析对于指导产业发展、促进农民增收、保障市场供应等方面具有举足轻重的意义。为此，我们精心编撰了《2022年中国生猪市场发展报告》，旨在为我国生猪产业的健康发展提供科学、系统的参考依据和决策支持。

本书的核心目标是全面、深入地剖析2022年中国生猪市场的运行状况，揭示其内在规律和发展趋势。通过对我国生猪市场的生产、流通、消费等各个环节进行细致研究，从而为政府决策部门、生猪养殖企业、行业协会、科研机构等提供有价值的参考信息，为生猪产业的可持续发展提供理论支撑和实践指导。

本书内容共分为十章。第一章聚焦于生猪价格的波动特征，分析了价格变化趋势及其周期性特点；第二章至第七章则分别围绕生猪生产与供给、成本与收益、饲料原料、屠宰、消费进出口等关键领域进行深入剖析，探讨了影响生猪市场发展的主要因素；第八章对核心育种场种猪市场情况进行了详细分析；第九章则将视野拓宽至整个畜牧产品市场的情况；第十章则针对相关政策问题进行了深入探讨。此外，附录部分还对世界生猪产生的发展情况进行了概述。

在本书的编写过程中，我们得到了众多专家学者的悉心指导和大力支持。张海峰博士负责本书的总体规划和第一章的撰写，谢铿铮主任负责第二章和第三章的撰写，王祖力研究员负责第四章和第五章的撰写，谢水华高级畜牧师负责第六章和第七章的撰写，陈哲夫助理研究员负责第八章的撰写和全书的统稿工作。同时，我们还邀请了多位业内专家对本书进行了审稿和修改，以确保内容的准确性和权威性。

在此，我们衷心感谢所有为本书编写提供支持和帮助的专家、单位或项目。感谢各位专家学者在本书编写过程中给予的指导和建议，感谢相关企业和广东省养猪行业协会提供的丰富数据和翔实信息，感谢参与审稿和修改的业内专家们的辛勤付出。正是有了他们的支持和帮助，本书才得以顺利完成。

本书适用于政府决策部门、生猪养殖企业、行业协会、科研机构等相关人员。通过阅读本书，读者可以全面了解 2022 年中国生猪市场的运行状况和发展趋势，为实际工作提供有益的参考和借鉴。

最后，我们衷心期待本书能为我国生猪产业的健康发展贡献一份力量，并诚挚欢迎读者在阅读过程中提出宝贵的意见和建议。

编　者

2024 年 6 月

CONTENTS 目 录

第一章

生猪价格波动特征

第一节　全国生猪价格走势

　　我国生猪价格有着明显的周期变化规律。2000—2022 年，国内生猪市场经历了 5 轮比较明显的"猪周期"，分别是 2002 年 6 月—2006 年 5 月、2006 年 5 月—2009 年 5 月、2010 年 4 月—2014 年 4 月、2015 年 3 月—2018 年 5 月、2019 年 2 月—2022 年 4 月。平均每 4 年生猪价格发生 1 次周期性的变化，价格从波谷到波峰上涨幅度分别达 75.52%、163.88%、100.78%、96.61% 和 189.77%。2022 年 5 月我国生猪市场开始步入 2000 年之后的第 6 轮"猪周期"（图 1-1）。第 5 轮猪周期的特点是受到非洲猪瘟的影响，价格的变化幅度巨大，同时 2021 年我国生猪期货上市，从而生猪现货市场价格变化波动的影响因素变得更加复杂多样。

　　相比 2021 年全年单边下行，2022 年生猪现货行情全年呈现出低开高走的态势（图 1-2）。第一阶段是 1—4 月的弱势下行态势，延续了 2021 年市场下跌颓势，主要是由于市场供大于求的形势未发生变化。该阶段的生猪出栏对应了 2021 年去产能前夕 3—6 月的能繁母猪存栏及配种，产能供应处于高点，而需求在春节后没有明显放大，造成此阶段的猪肉价格持续缓跌。

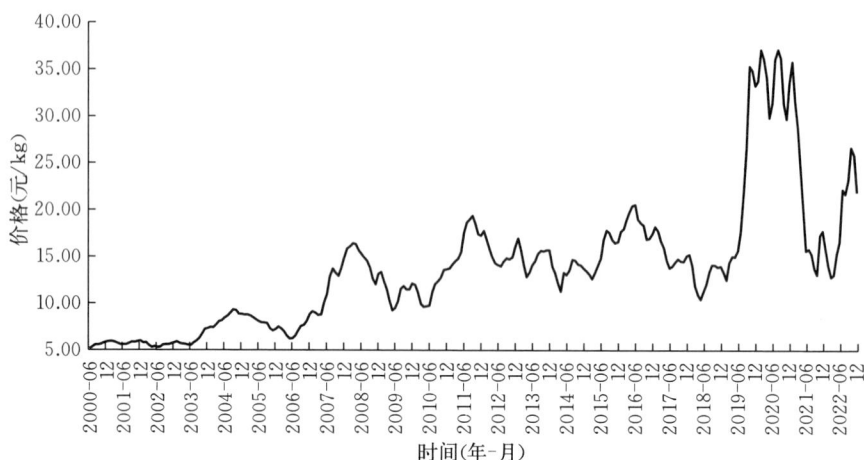

图 1-1　2000—2022 年全国生猪月度价格走势

数据来源：国家统计局。

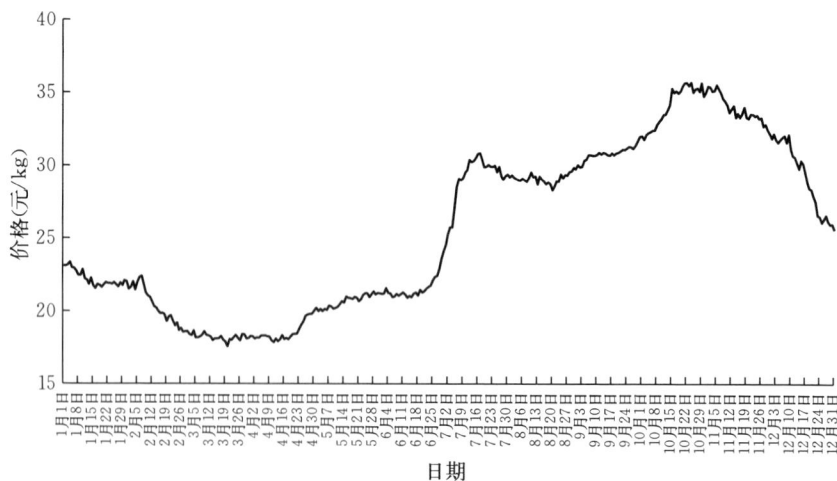

图 1-2　2022 年全国白条猪价格走势

数据来源：农业农村部。

　　第二阶段为 4—12 月，市场行情强势反弹，一路走高，直至 11 月底出现小幅回落（图 1-3）。价格反弹的原因主要有：一是由于 2021 年 6 月开始去产能化,供给端产能持续下降,一定程度缓解供需失衡的压力;二是政策性收储拉动价格上涨,部分养殖户压栏惜售,市场的看涨预期对猪价形成一定支撑;三是 2022 年 10 月中下旬的新冠疫情冲击,打压了各地消费需求,加上前期压栏及二次育肥猪的持续出栏,冲击供给市场,造成生猪价格小幅回落。

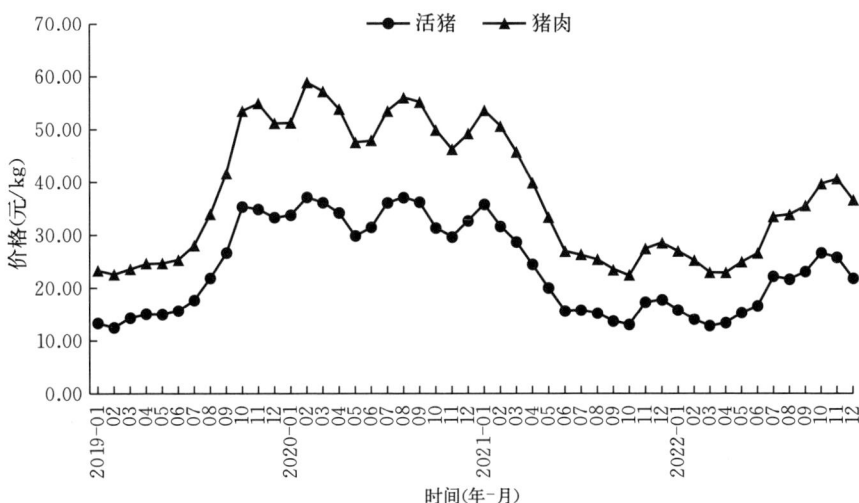

图 1-3 2019—2022 年全国生猪和猪肉价格走势

数据来源:国家统计局。

第二节 生猪价格对消费者价格指数的影响

2022 年全国消费者价格指数(CPI)的走势呈现出典型的先扬后抑的趋势。具体来说,CPI 全年上涨了 2.0%,相较于 2021 年,这一涨幅扩大了 1.1 个百分点。从季度数据来看,CPI 的涨幅从第一季度的 1.1% 开始,逐步攀升至第三季度的 2.6%,但随后在第四季度回落至 1.8%,形成了鲜明的先扩后落态势(图 1-4)。

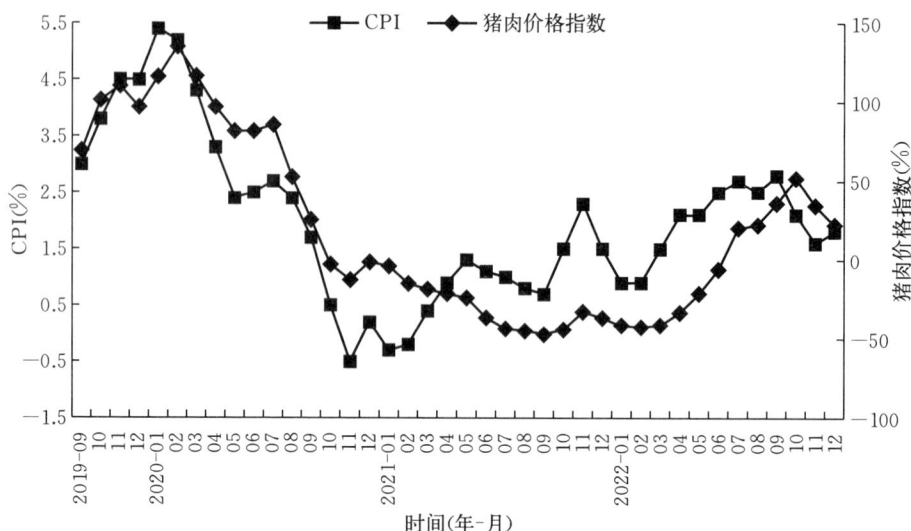

图 1-4 2019 年 9 月至 2022 年 12 月 CPI 及猪肉价格指数走势

数据来源：国家统计局。

从月度变化来看，年初的 1 月和 2 月，受春节效应的提振，这两个月的 CPI 同比均上涨了 0.9%。随后因国内疫情多点散发、能源成本上升以及猪肉价格上扬等多重因素的叠加影响，自 3 月起 CPI 同比涨幅开始显著扩大，至 7 月达到了 2.7% 的高点。尽管 8 月涨幅略有回调，但 9 月再次扩大至 2.8% 的高位。随着中秋节、国秋节后消费者需求的回落以及去年同期对比基数走高等因素的作用，10 月和 11 月的同比涨幅分别降至 2.1% 和 1.6%。临近年末的 12 月，受节日效应影响，涨幅又回升至 1.8%。

在食品价格方面，2022 年发生了显著的变化，由 2021 年的下降 1.4% 转为上涨 2.8%，对 CPI 的上涨贡献了约 0.51 个百分点。其中，猪肉价格的变动成了关键因素。自 2022 年 3 月起，猪肉价格开始触底回升，并在 10 月达到了同比涨幅高达 51.8% 的峰值。尽管随后的 11 月和 12 月有所回落，但全年平均降幅较 2021 年收窄了 23.5 个百分点，显著减弱了对 CPI 的负面影响（图 1-5）。

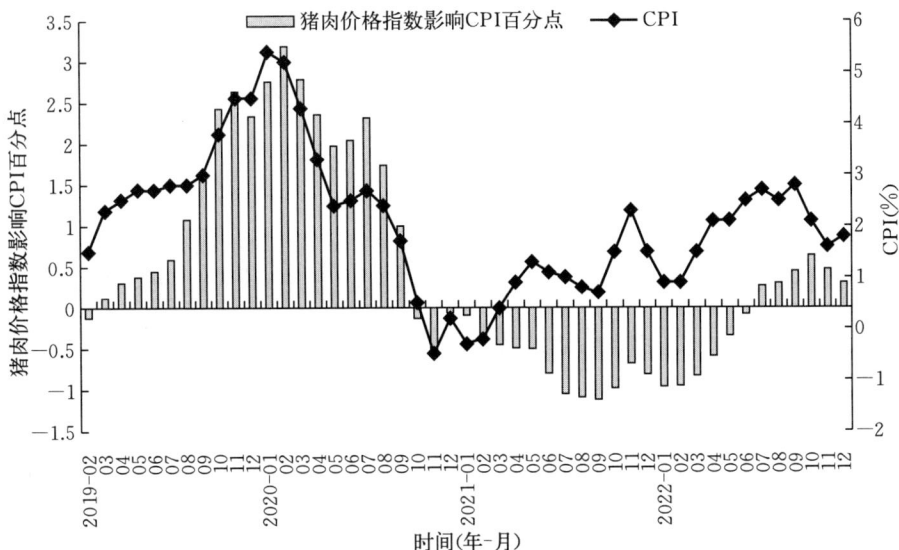

图 1 - 5　2019 年 2 月至 2022 年 12 月猪肉价格指数影响 CPI 百分点

数据来源：国家统计局。

根据市场调研数据，许多消费者表示在猪肉价格上涨期间，他们明显感受到了食品价格的变动，尤其是在购买肉类产品时。与此同时，随着生猪养殖业的逐步恢复，市场供应逐渐稳定，猪肉价格虽然回调，但仍保持在一个相对较高的水平。

猪肉价格的回升不仅反映了市场供需关系的改善，也体现了消费者对于食品需求的增加以及养殖业生产的恢复。这一变化不仅影响了食品价格的整体走势，也直接影响了 CPI 的波动。随着消费者对食品安全和品质要求的不断提高，生猪养殖业也面临着转型升级的压力。

在这一背景下，生猪价格的变动对 CPI 的影响愈发重要。它不仅直接体现了市场供需关系对物价水平的影响，也反映了消费者需求和养殖业生产状况的变化。因此需要更加密切地关注市场动态，通过合理的政策调控来稳定价格水平，确保物价水平的稳定和市场秩序的良好运行。

同时，生猪价格的变动受到多种因素的影响，包括政策调整、市场供需变化、国际粮价等。因此，在制定相关政策时，需要综合考虑各种因素，制定科学的政策措施，以促进生猪产业的健康发展，保障市场供应和满足消费者需求。

第三节　生猪价格波动与生猪养殖业的盈亏状况

农业农村部监测数据显示（图 1-6），2022 年育肥猪配合饲料平均价格相比 2021 年有较大幅度的上涨，全年平均价格为 3.88 元/kg，同比上涨 7.48%。2022 年育肥猪配合饲料价格上涨的主要原因是饲料的主要原料玉米与豆粕的价格均出现了上涨，特别是豆粕价格的上涨幅度较大。具体来看，2022 年玉米价格继续保持高位，全

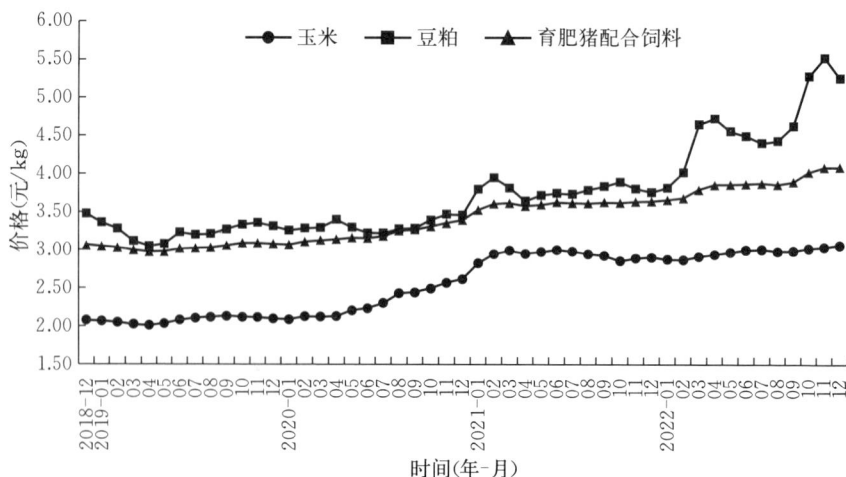

图 1-6　2018 年 12 月至 2022 年 12 月全国玉米、豆粕和育肥猪配合
　　　　饲料价格月度走势

数据来源：农业农村部。

年价格维持在 2.87 元/kg 以上，月平均价格为 2.98 元/kg，同比上涨 1.71%；2022 年豆粕的月度平均价格为 4.65 元/kg，同比上升 22.69%。总体而言，受通货膨胀等因素的影响，2022 年玉米、豆粕、育肥猪配合饲料价格与往年相比都有较大幅度提升，平均价格处于近 4 年的最高位。

2019 年下半年至 2021 年上半年，受到非洲猪瘟疫情的影响，生猪养殖利润一度走高，但随着产能的逐渐恢复，养殖利润快速下跌。猪粮比（猪粮比＝生猪价值/育肥猪配合饲料价格）历来是衡量生猪养殖利润的重要指标，来自国家发展和改革委员会的数据显示（图 1－7），2022 年全年平均猪粮比为 4.898∶1，显著低于 2021 年的 5.77∶1 和 2020 年的 10.56∶1。具体来看，2022 年 3 月的猪粮比为 3.37∶1，为近 4 年月份最低值，之后 4—10 月呈现持续反弹的态势，到 10 月猪粮比回升到 6.62∶1。2022 年全年猪粮比呈现明显触底反弹态势，主要是由生猪价格反弹所致。但随着

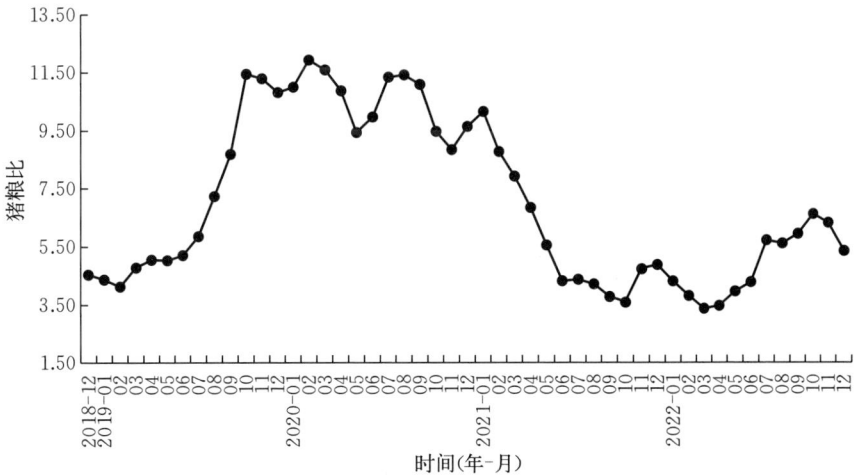

图 1－7　2018 年 12 月至 2022 年 12 月全国猪粮比走势

数据来源：国家发展和改革委员会。

2022 年 11—12 月生猪价格下降，猪粮比又呈现下降趋势。

第四节 全国各地区生猪价格

2022 年全国生猪价格有所下滑，全年月度平均价格为 18.66 元/kg，同比下降 12.60%。2022 年各地区之间价格差异幅度与 2021 年相比大幅度下降，最高价格（海南）与最低价格（新疆）之间的差距为 3.4 元/kg，与 2021 年的价格差（12.32 元/kg）相比显现大幅度下降（图 1-8）。

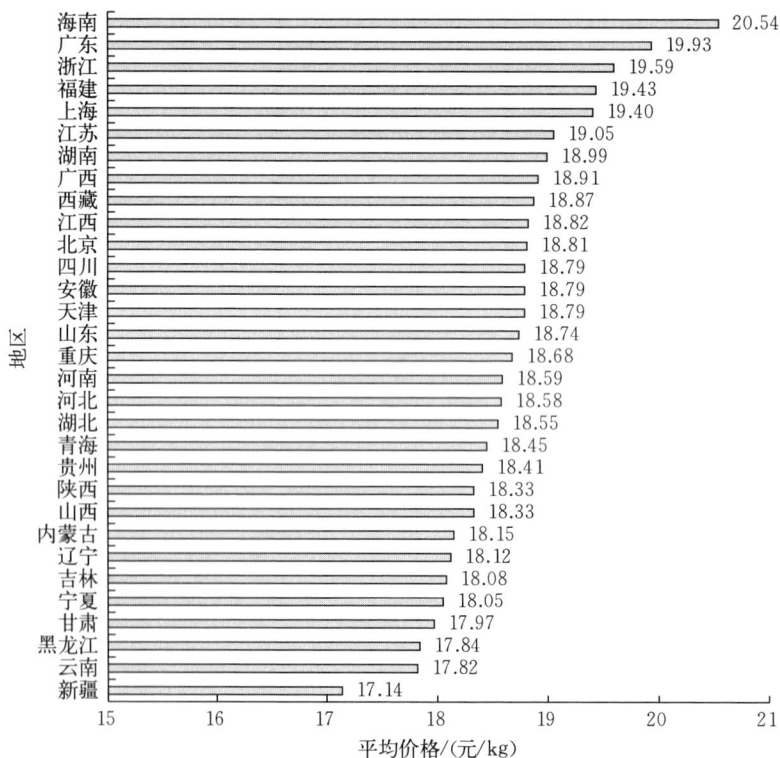

图 1-8 2022 年各地区生猪平均价格

数据来源：国家发展和改革委员会。

2022 年全年月度平均生猪价格最高的地区是海南，为 20.54 元/kg，其次为广东 19.93 元/kg、浙江 19.59 元/kg。绝大部分地区的生猪价格在 18～19 元/kg。生猪价格最低的地区是新疆、云南和黑龙江，分别为 17.14 元/kg、17.82 元/kg 和 17.84 元/kg。

从不同地区来看，与 2021 年相比西藏、贵州和海南的生猪价格下降幅度超过了 20%，而吉林、黑龙江和山西的生猪价格下降幅度小于 6%（表 1-1、表 1-2）。

表 1-1　2021 年和 2022 年各地生猪平均价格（元/kg）

地区	2021 年	2022 年	同比增长
北京	20.18	18.81	−6.79%
天津	20.08	18.79	−6.42%
河北	19.81	18.58	−6.21%
山西	19.36	18.33	−5.32%
内蒙古	19.89	18.15	−8.75%
辽宁	19.58	18.12	−7.46%
吉林	19.18	18.08	−5.74%
黑龙江	18.85	17.84	−5.36%
上海	21.34	19.40	−9.09%
江苏	20.54	19.05	−7.25%
浙江	21.90	19.59	−10.55%
安徽	20.68	18.79	−9.14%
福建	22.06	19.43	−11.92%
江西	21.10	18.82	−10.81%
山东	20.11	18.74	−6.81%
河南	20.10	18.59	−7.51%

（续）

地区	2021 年	2022 年	同比增长
湖北	20.26	18.55	−8.44％
湖南	22.02	18.99	−13.76％
广东	22.99	19.93	−13.31％
广西	21.15	18.91	−10.59％
海南	27.17	20.54	−24.40％
重庆	21.27	18.68	−12.18％
四川	21.32	18.79	−11.87％
贵州	27.94	18.41	−34.11％
云南	21.38	17.82	−16.65％
西藏	31.17	18.87	−39.46％
陕西	19.72	18.33	−7.05％
甘肃	19.49	17.97	−7.80％
青海	21.55	18.45	−14.39％
宁夏	20.82	18.05	−13.30％
新疆	18.87	17.14	−9.17％
平均	21.35	18.66	−12.60％

数据来源：国家发展和改革委员会。

表 1－2　2022 年 1—12 月各地生猪平均价格（元/kg）

地区	1 月	2 月	3 月	4 月	5 月	6 月	7 月	8 月	9 月	10 月	11 月	12 月	全年均价
北京	14.7	12.8	12.2	12.9	15.7	17.5	22.7	21.7	23.5	27.0	25.1	19.9	18.8
天津	14.7	12.8	12.3	12.9	15.7	17.4	22.8	21.7	23.6	27.2	24.6	19.8	18.8
河北	14.7	12.7	12.1	12.8	15.4	17.1	22.4	21.6	23.6	26.9	24.5	19.3	18.6
山西	14.4	12.6	11.9	12.4	15.1	16.8	22.1	21.4	23.2	26.7	24.2	19.1	18.3

（续）

地区	1月	2月	3月	4月	5月	6月	7月	8月	9月	10月	11月	12月	全年均价
内蒙古	14.0	12.4	11.8	12.1	14.9	16.7	22.0	21.0	22.8	27.0	23.8	19.4	18.2
辽宁	14.0	12.3	11.8	12.2	14.9	16.8	22.1	21.2	23.1	26.6	23.9	18.8	18.1
吉林	13.9	12.2	11.7	12.0	14.8	16.7	22.0	21.2	23.1	26.4	24.2	18.6	18.1
黑龙江	13.5	12.0	11.5	12.0	14.8	16.5	22.0	21.0	22.8	26.2	23.6	18.2	17.8
上海	15.5	13.3	12.6	13.7	16.0	17.6	23.2	22.3	24.2	27.7	25.3	21.5	19.4
江苏	15.4	13.3	12.6	13.4	15.8	17.3	22.6	21.7	23.8	27.4	25.1	20.3	19.1
浙江	16.0	14.1	13.2	13.7	16.1	17.6	23.3	22.6	24.4	27.9	25.5	20.7	19.6
安徽	15.2	13.1	12.3	13.1	15.5	17.1	22.3	21.5	23.6	27.2	24.9	19.8	18.8
福建	15.2	13.6	13.1	13.8	16.3	17.6	22.8	22.7	24.7	28.0	25.4	20.2	19.4
江西	14.7	13.0	12.4	13.2	15.6	16.9	22.1	22.2	24.0	27.4	24.7	19.5	18.8
山东	14.9	13.2	12.4	12.9	15.6	17.4	22.5	21.6	23.5	27.0	24.6	19.4	18.7
河南	14.9	12.8	12.2	12.8	15.4	17.0	22.3	21.5	23.5	26.9	24.6	19.4	18.6
湖北	14.6	12.8	12.2	12.9	15.4	16.8	22.0	21.6	23.5	26.8	24.6	19.6	18.6
湖南	15.5	13.3	12.7	13.3	15.5	16.8	22.0	22.1	24.1	27.4	25.2	20.1	19.0
广东	15.6	13.9	13.3	14.1	17.7	18.7	23.6	23.9	24.7	28.0	25.3	20.5	19.9
广西	15.0	13.2	12.6	13.4	15.6	16.8	22.1	22.6	24.0	27.2	24.5	19.9	18.9
海南	17.4	15.9	16.7	16.6	16.9	17.7	22.9	23.4	24.3	27.1	25.4	22.3	20.5
重庆	14.4	12.9	12.3	13.0	15.2	16.3	21.5	22.0	24.0	27.2	25.3	20.0	18.7
四川	14.6	13.2	12.6	13.2	15.3	16.4	21.5	22.2	24.5	27.2	25.1	19.8	18.8
贵州	14.1	12.4	12.1	12.9	15.0	16.2	21.4	21.8	23.7	27.0	24.8	19.5	18.4
云南	13.3	11.7	11.4	12.2	14.4	15.6	20.9	21.0	23.0	26.4	24.4	19.5	17.8
西藏	15.8	12.9	12.4	12.6	14.8	15.9	22.1	21.9	23.9	26.9	27.4	19.9	18.9
陕西	14.1	12.2	11.9	12.4	15.2	16.6	22.1	21.6	23.3	26.7	24.6	19.3	18.3
甘肃	13.6	12.1	11.4	12.1	14.6	16.1	21.8	21.3	23.0	26.5	24.1	19.1	18.0
青海	15.0	12.9	11.9	12.2	14.8	15.9	22.1	21.9	23.9	26.9	26.2	17.8	18.5
宁夏	14.0	11.4	11.3	12.6	14.7	16.1	21.7	21.2	23.2	26.4	24.3	19.6	18.1
新疆	12.5	11.2	10.9	11.7	14.5	15.4	21.3	20.8	21.6	24.9	22.7	18.4	17.1
全国平均	14.7	12.8	12.3	12.9	15.4	16.8	22.2	21.8	23.6	27.0	24.8	19.7	18.7

数据来源：国家发展和改革委员会。

第五节 仔猪、玉米和豆粕价格走势

2022 年，我国仔猪市场整体呈现出低迷的态势。在这一年里，仔猪价格受多种因素影响，其月度平均价格较上一年有了显著的下滑。据农业农村部公布数据，2022 年全年仔猪月度平均价格为 36.67 元/kg，相较于 2021 年的 56.99 元/kg，降幅高达 36.19%。

回顾全年的价格走势，可以清晰地看到几个关键的转折点。首先，在 2022 年的前三个月，仔猪价格呈现出了急速下跌的趋势。特别是在 3 月，价格更是跌至全年的最低点，仅为 24.32 元/kg，这一价格水平无疑给养殖户带来了沉重的打击。许多养殖户预计仔猪价格会进一步走低，于是纷纷选择减少存栏量，甚至暂停补栏，以期降低损失。

然而，就在市场普遍认为仔猪价格将一蹶不振的时候，4 月价格开始出现了逐步回升的迹象。这一变化主要得益于两方面的因素：一是随着气温的回升，猪肉消费需求逐渐回暖；二是部分养殖户开始调整养殖策略，减少了出栏量，以稳定市场价格。在供需关系的逐步改善下，仔猪价格开始缓慢回升。

进入下半年后，随着生猪产能的逐步恢复和消费者需求的增加，仔猪价格迎来了更为明显的上涨。特别是在 10 月，价格达到了全年的最高值，为 46.03 元/kg。这一价格水平不仅超过了年初的价格，也创下了近年来的新高。这一上涨趋势的出现，主要得益于以下几个方面：一是生猪产能的恢复带来了更多的市场需求；二是部分养殖户在前期减少存栏后，开始逐步增加补栏量；三是政策层面对于生猪产业的扶持力度加大，进一步提振了市场信心。

　　然而，就在市场普遍看好仔猪价格将继续上涨的时候，11—12月价格却出现了下降的态势。这一下降的原因主要有两个：一是随着气温的降低和节假日的结束，猪肉消费需求开始回落；二是部分养殖户在看到价格上涨后，纷纷增加了出栏量，导致市场供应增加。在供需关系的影响下，仔猪价格开始出现了小幅回调。

　　2022年我国仔猪价格经历了从低迷到逐步回升再到略有下降的过程。虽然全年价格较上一年有所下降，但在部分时段也呈现出了明显的上涨态势。这一价格走势反映了我国生猪产业的波动性和不确定性，也提醒着养殖户和政策制定者需要更加关注市场动态和政策变化，以制定更为科学合理的养殖策略和政策措施（图1-9）。

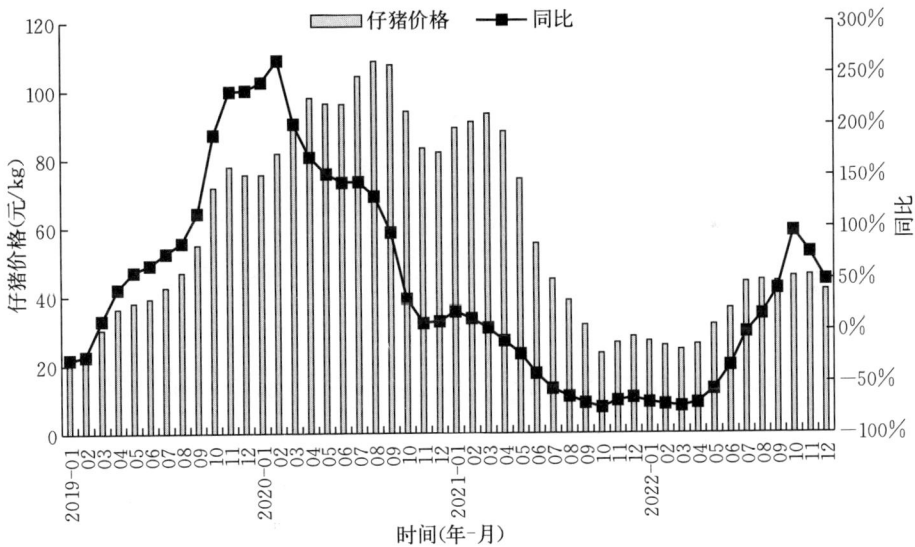

图1-9　2019—2022年仔猪价格

数据来源：国家统计局。

　　2022年玉米市场价格整体呈现震荡上行态势，走势基本呈"N"形。这一年里，玉米价格的波动可以清晰地划分为三个阶段，每个阶段的价格动态均受到国内外多重因素的影响。

第一阶段：1—4 月。此阶段玉米价格显著上升，主要原因是受俄乌冲突的影响。由于国内玉米供应紧张，加之替代品价格高企，以及新麦尚未上市，玉米价格获得支撑。更重要的是，俄罗斯和乌克兰分别是全球第一大和第三大小麦出口国，两国合计占全球小麦出口量的 29%。在玉米出口方面，俄乌也占据重要份额，全球 19% 的玉米出口来自这两个国家，其中我国从乌克兰进口的玉米占国内进口总量的 30%。俄乌冲突导致谷物运输受阻，限制了两国的出口能力，这对美国等其他谷物出口国构成利好。同时，战事也影响了乌克兰的新季作物种植，据报道种植面积减少了三成，市场因此预期新季作物产量将下降，这进一步推高了国内小麦和玉米的现货价格。

第二阶段：5—7 月。在这一阶段，玉米价格从 2.97 元/kg 上涨至 3.01 元/kg。5 月随着天气转好，国外的种植进度明显提速。同时，俄乌冲突带来的负面影响逐渐缓解。为了缓解部分区域的粮食危机，欧美国家和俄罗斯开始协助乌克兰出口粮食。此外，乌克兰的谷物种植面积和俄罗斯的小麦产量均高于市场预期，这增加了市场的供应预期，导致价格有所回升。然而，在国内，由于需求相对较弱，加之水稻和小麦的替代效应以及受国家每周拍卖 200 万 t 水稻的政策影响，玉米价格出现了一定程度的回落。

第三阶段：8—11 月。此阶段玉米价格呈现震荡上行的趋势，从 9 月的 2.99 元/kg 上升至 11 月的 3.04 元/kg。8—9 月期间，由于余粮减少，贸易商提高了报价。在华北地区，随着陈粮库存的逐渐耗尽，价格也出现小幅上涨。进入 10 月，东北地区新季玉米尚未集中上市，导致供应紧张。与此同时，南方销区的饲料企业对新粮的收购态度积极，进一步推动了玉米价格的上涨。

综上，2022 年我国玉米市场价格在多重因素的共同作用下呈现出复杂的"N"形走势。从国内供应紧张、替代品价格高企到国际政治冲突的影响再到国内外种植和市场需求的变化等诸多因素共同塑造了这一年的玉米市场价格动态（图1-10）。

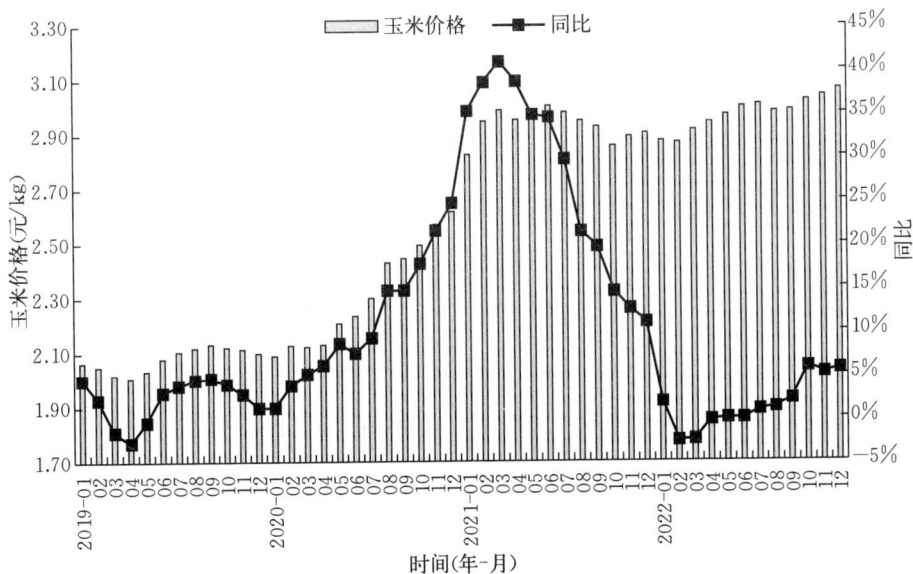

图1-10　2019—2022年玉米价格

数据米源：国家统计局。

与玉米市场相似，2022年的豆粕市场也经历了价格的显著波动，全年价格处于历史高位。具体来看，豆粕市场的价格走势可以分为几个关键阶段。

价格上升期（1—3月）。2022年初，市场主要关注点集中在南美的产量问题上。由于巴西中南部地区持续受到干旱影响，大豆产量预期受到进一步下调，这加剧了供应紧张的格局。因此，美国大豆和国内豆粕价格一路攀升，达到了半年度的高点。2022年月度平均价格为4.65元/kg，相较于2021年的3.79元/kg，上升了22.67%。

价格波动期（4—7月）。在这个阶段，市场价格由4.65元/kg

微降至 4.50 元/kg，整体呈现波动上涨的趋势。市场上存在着多重因素影响价格走势，包括俄乌冲突局势、美国大豆播种进度偏慢等导致产量预期下滑，同时也有美国大豆初始优良率较高、种植面积有一定增长等带来的产量预期上涨因素。

价格快速上升期（8—12 月）。8—12 月豆粕价格经历了快速上涨，由 8 月的 4.43 元/kg 飙升至 12 月的 5.26 元/kg。这一阶段价格上涨的主要原因包括：美国大豆生产区遭遇干旱天气，导致单产及总产量有所下降；国内大豆及豆粕库存量减少，现货供应偏紧；此外，人民币的贬值也相对提高了美国大豆的进口成本，这些因素共同推动了国内豆粕价格的上涨。

综上，2022 年我国豆粕市场价格受到国际国内多重因素的共同影响，全年价格处于历史高位，并呈现出明显的阶段性波动特征（图 1-11）。

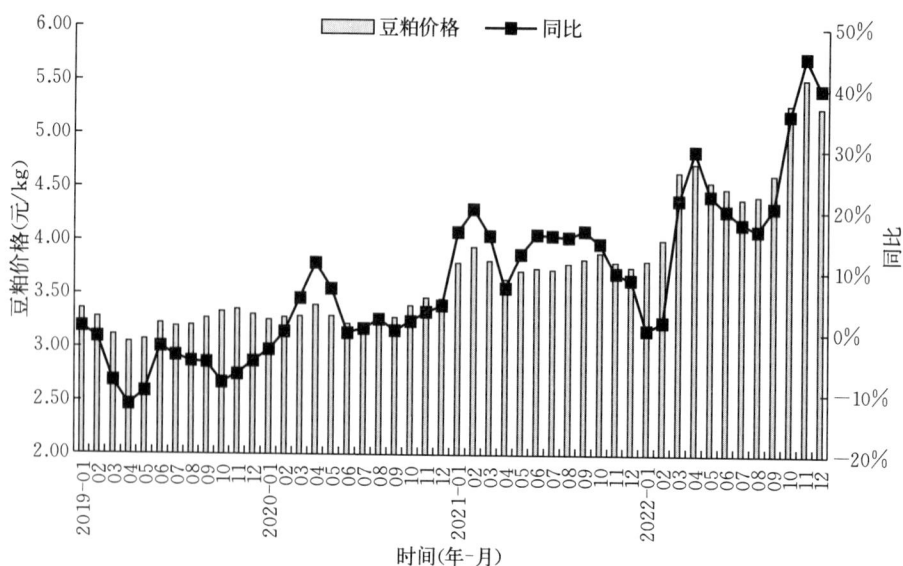

图 1-11　2019—2022 年豆粕价格

数据来源：国家统计局。

第六节 全国居民猪肉消费价格指数

一、整体趋势

2022 年全国居民猪肉价格指数月度平均值为 102.05％，相比 2021 年的 96.52％，上升了 5.53 个百分点。这显示了猪肉价格在 2022 年的整体上涨趋势。

二、年内波动

2022 年上半年，猪肉价格指数波动上升，直至 7 月达到最高点 125.6％。这表明在上半年，尤其是接近年中时，猪肉价格经历了显著的上涨。随后，在下半年，价格指数开始波动下降，至 12 月降至 2022 年的最低点 91.3％。这说明在下半年，猪肉价格逐渐回落（图 1-12）。

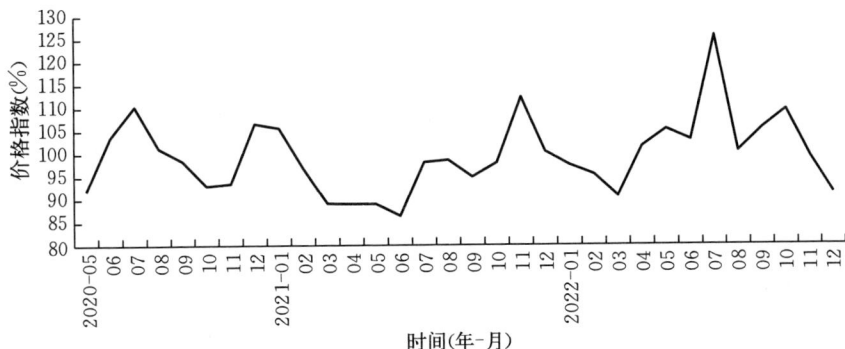

图 1-12 2000 年 5 月至 2022 年 12 月全国居民猪肉消费价格指数变化情况

数据来源：农业农村部。

三、销售总量变化

2022 年全国猪肉线上（通过 3 家主流电商平台统计）销售总量为 33 462 t，相比 2021 年的 41 958 t，下降了 20.25%。这表明线上猪肉销售在 2022 年遭遇了下滑。

四、销售量的月度变化

2022 年上半年，线上猪肉销售量处于低位，尤其是 2—4 月，平均每月销售量仅为 1 657 t。这可能与春节后的消费淡季以及新冠疫情影响有关。8—10 月，销售量达到全年高点，平均月销售量为 3 535 t，是 2—4 月的 2 倍以上。这一增长可能受到疫情影响导致的无接触线上购物需求增加，以及学校开学、端午节、国庆节等节假日消费需求提振的影响（图 1 - 13）。

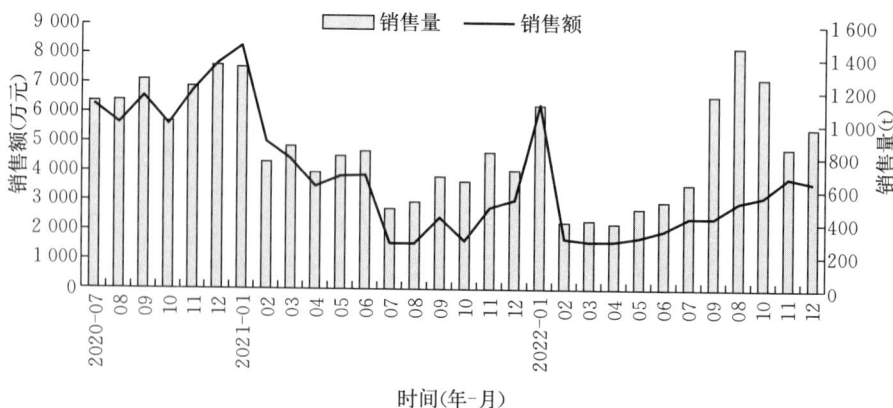

图 1 - 13　2020 年 7 月至 2022 年 12 月全国猪肉线上（3 家主流电商）销售走势

数据来源：农业农村部。

注：主流电商指淘宝、天猫、京东。

五、销售价格变化

从线上销售猪肉的单价来看，2022年上半年价格持续下滑，8—10月价格处于低位。这可能与供应量增加、消费需求相对平稳以及市场竞争有关。然而，到了11月，受到全国猪肉市场价格高涨的影响，线上猪肉价格也大幅度回升。这表明市场价格波动对线上销售价格产生了直接影响（图1-14）。

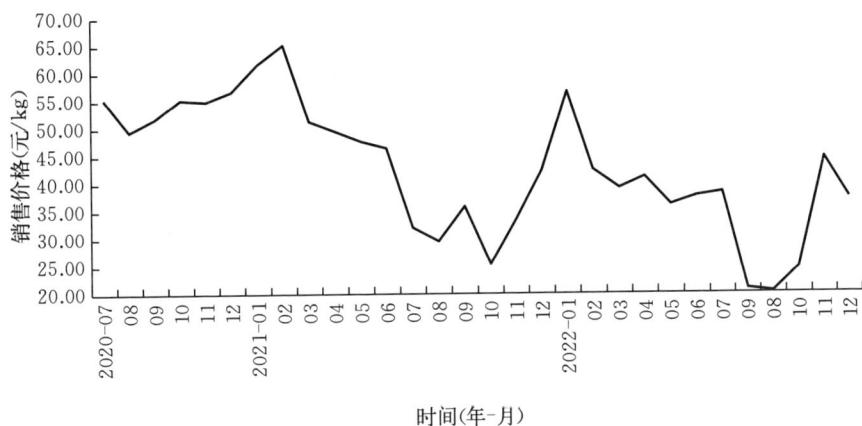

图1-14　2020年7月至2022年12月全国猪肉线上（三家主流电商）
　　　　销售价格走势

数据来源：农业农村部。

注：主流电商指淘宝、天猫、京东。

第二章

生产与供给情况

第一节　生猪存栏情况

一、生猪存栏量大幅增长

在经历了非洲猪瘟疫情的严峻考验之后，2020 年我国生猪产业开始展现出强劲的复苏势头。随着疫情影响的逐渐消退，年末生猪存栏量出现了显著的增长，这标志着生猪产能正在得到有效恢复。进入 2021 年，这种恢复势头不仅得以延续，甚至出现了供给过剩的迹象。

而到了 2022 年，生猪产能的恢复进程进一步加速。年末数据显示，生猪存栏量已经达到了 45 256 万头，这一数字不仅创下了近 5 年新高，更意味着生猪产能已经全面恢复到了非洲猪瘟疫情之前的水平。这一成就的取得，不仅彰显了我国生猪产业的强大恢复力，也为稳定国内生猪市场和保障肉类供应奠定了坚实基础。同时，这也预示着我国生猪产业已经走出了非洲猪瘟的阴影，步入了全新的发展阶段（图 2-1）。

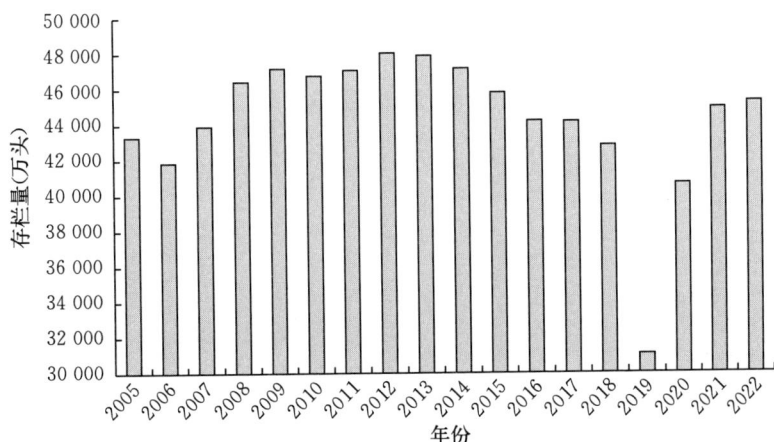

图 2-1 2005—2022 年全国生猪年末存栏量变化

数据来源：国家统计局。

二、能繁母猪存栏量持续上升

从能繁母猪存栏量的月度变化数据来看，2022 年整体呈现出一种稳步回升的趋势。具体来看，能繁母猪的存栏量自 2021 年 6 月达到高峰的 4 564 万头后，便开始逐渐下滑。这一下滑趋势一直持续到 2022 年 4 月，期间累计下滑了 10 个月，总体下滑幅度达到 8.5%。尽管如此，与去年同期相比，2022 年能繁母猪的存栏量仍然保持了约 7.4% 的均值增长。

随着 5 月猪价的上涨，生猪去产能的进程逐渐接近尾声。因此，从 5 月开始，能繁母猪的存栏量结束了自去年 7 月以来的持续下滑态势，开始呈现出环比增长。截至 2022 年 12 月，能繁母猪存栏量已经连续增长了 8 个月，累计增幅达到了 5.1%。这一数据的回升不仅预示着生猪产能的逐步恢复，也为未来猪肉市场的稳定供应提供了有力保障。

此外，从数据来源的角度看，2022 年之前国家统计局主要公布季度数据，而自 2022 年开始，农业农村部开始公布更为精细的月度数据。这一变化不仅提高了数据的时效性和准确性，也为我们更深入地了解生猪市场的动态提供了有力支持（图 2-2）。

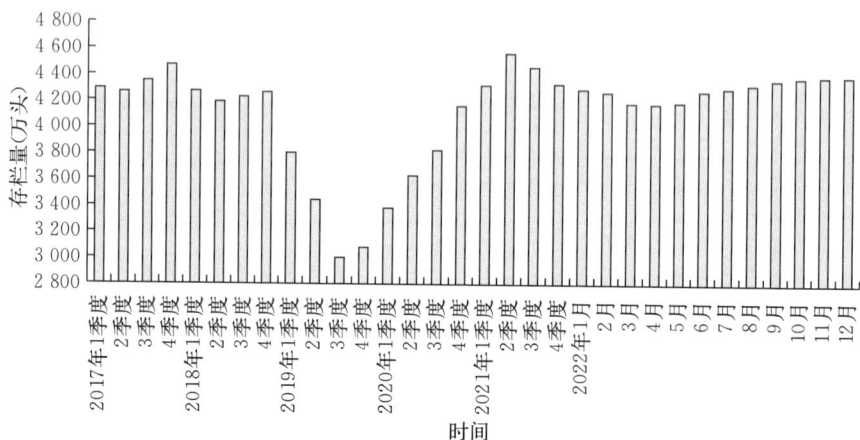

图 2-2 2017—2022 年全国能繁母猪存栏量

数据来源：国家统计局、农业农村部。

注：2022 年之前国家统计局公布季度数据，2022 年开始农业农村部开始公布月度数据。

受 2018 年非洲猪瘟疫情的严重冲击，我国能繁母猪的存栏量经历了急剧下滑。特别是在 2019 年第三季度，存栏量跌至历史低点的 3 000 万头，市场面临着空前的挑战。然而，随着疫情的有效控制和养殖业的努力恢复，存栏量开始迅速回升。到了 2021 年第一季度，能繁母猪的存栏量已经恢复到了往年的水平，这无疑是一个积极的信号。

但恢复的势头并未就此停止，而是持续加速。在 2021 年第二季度，能繁母猪的存栏量达到了惊人的 4 564 万头，创下了自 2017 年第四季度以来的新高。然而，这种快速增长的态势并未能持续。从 2021 年下半年开始，能繁母猪的存栏量出现了下滑的趋势。

从季度出栏量来看（图 2-3），2021 年第四季度同比上涨了 27.37%，显示出产能已经处于偏高水平。这一变化主要是由 2021 年生猪价格的持续下跌所导致的。面对低迷的市场价格，许多猪场开始加大三元母猪的淘汰量，以减少成本，这也直接导致了存栏量的减少。

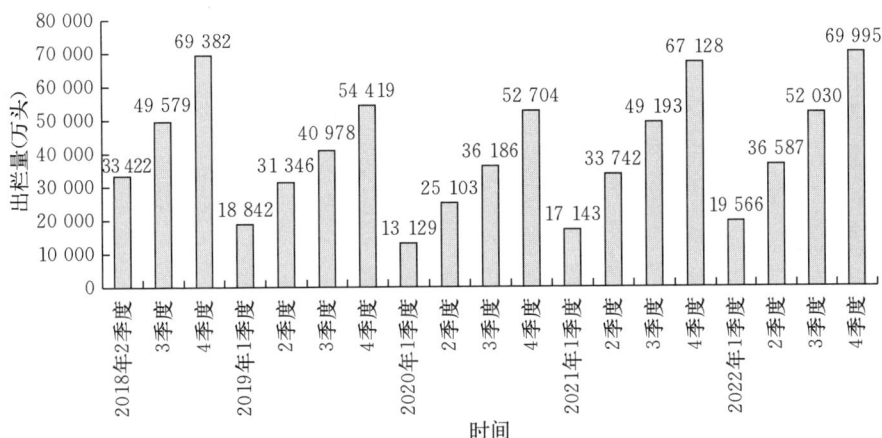

图 2-3　2018 年第 2 季度至 2022 年第 4 季度全国生猪季度出栏量

数据来源：国家统计局、农业农村部。

值得一提的是，在这一过程中，能繁母猪的存栏结构也得到了优化。由于三元母猪的淘汰量和淘汰速度超过了新的能繁母猪的转入量和转入速度，因此三元母猪在总体存栏中的占比有了大幅度的减少。这不仅提高了存栏母猪的整体质量，也为未来的生猪生产奠定了更好的基础。

进入 2022 年，我国能繁母猪的存栏情况无论从数量还是质量上都得到了显著的提升。这一积极的趋势预示着 2023 年上半年我国的生猪供给预计将保持充足，而生猪价格也有望在低位波动，为消费者带来实惠，同时也为养殖业的稳定发展提供了有力保障。

第二节　分地区生猪出栏情况

国家统计局数据显示，2022 年我国生猪出栏量达 69 995 万头（图 2-4），比 2021 年增加了 2 867 万头，增长率达到 4.3%。值得注意的是，这一数字已超越 2018 年非洲猪瘟疫情前的水平。这表明，经历了一段时间的恢复，我国生猪产业已逐渐摆脱非洲猪瘟的阴霾，产能得到了显著的恢复与提升。

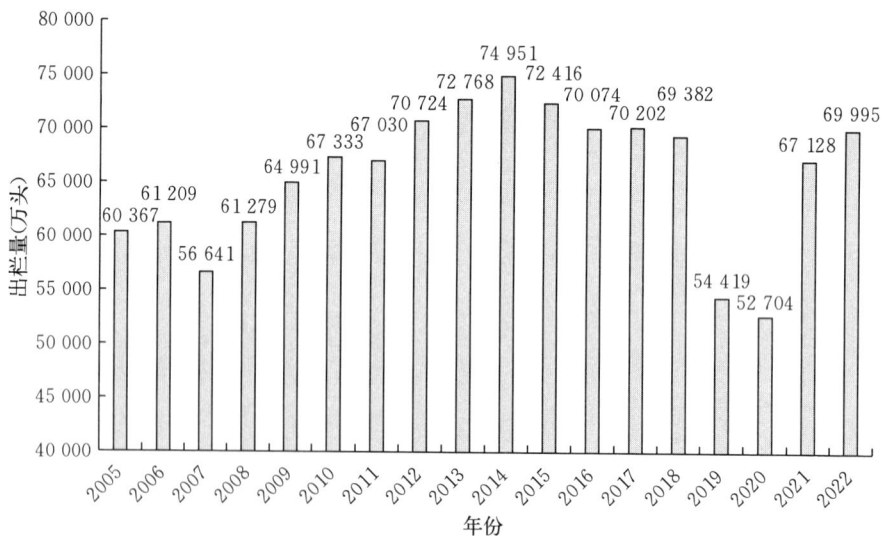

图 2-4　2005—2022 年全国生猪年度出栏量

数据来源：历年《中国统计年鉴》。

对比过去十年的数据，2022 年的生猪出栏量已超 2018 年的水平，这标志着生猪行业成功克服了非洲猪瘟的打击，并逐渐步入供需平衡、产能稳定的新阶段。这为我国猪肉市场的稳定供应以及生猪产业的深入发展打下了基石。

截至 2022 年末，我国生猪存栏为 45 256 万头，同比略增 0.7%，与历年水平基本持平。其中，繁育母猪存栏 4 390 万头，较上年增加 62 万头，增长率为 1.4%。此数据反映出生猪繁育能力在持续增强，预示着未来生猪出栏的稳定增长。

从地区数据来看，生猪出栏与存栏状况存在地域性差异。例如，河北省 2022 年生猪存栏上升 6.5%，猪肉产量也增长了 2.9%。而山西省的生猪出栏量增速为 4.9%，存栏量更是激增 10.2%，显示出该区域生猪产业的蓬勃生机。

在国际贸易层面，尽管我国生猪产品的进出口总量与总额均相当可观，但交易主要集中在猪肉和猪杂碎上，这反映了国内外市场对生猪产品的实际需求。不过，国际贸易对我国生猪出栏的直接影响较为有限，它更多的是通过市场价格机制来间接调节国内生猪市场的供需关系。

生猪出栏量的变动，一直被视为中国猪肉市场的重要风向标。回顾历史，2020 年的非洲猪瘟疫情给中国生猪养殖业带来了巨大冲击，导致出栏量大幅下滑。但得益于政府及民众采取的积极应对措施，如加大扶持、改善养殖条件及强化监管等，疫情得到了有效控制。

随后的 2021 年，生猪养殖业开始复苏，出栏量高达 67 128 万头，激增 27.36%，显示出行业的强劲复苏势头。然而，随着 2022 年出栏量增速的放缓，市场对未来的增长预期也变得更加谨慎。

根据最新的各地区数据显示，随着中国猪肉市场的持续发展，各地区生猪出栏量在 2022 年也呈现出新的变化（图 2-5、表 2-1）。

在这一年里，生猪出栏量最高的依然是四川省，达到了 6 548.4 万头，占全国的 9.36%，进一步巩固了其作为中国最大生猪生产基地的地位。四川省不仅拥有得天独厚的自然条件，还得益于政府的

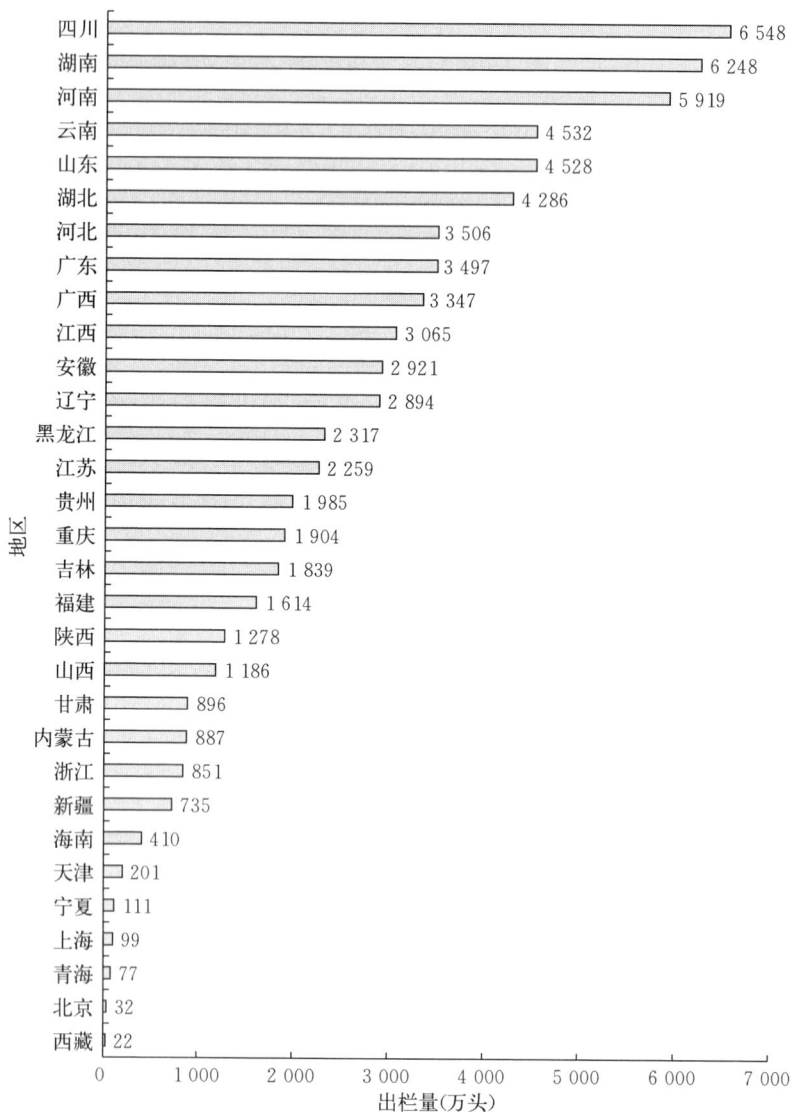

图 2 - 5　2022 年中国各地区生猪出栏量

数据来源：《中国统计年鉴 2023》。

大力支持和养殖技术的持续创新。

表 2-1　2017—2022 年各地区生猪出栏量及份额

地区	2017 年（万头）	2018 年（万头）	2019 年（万头）	2020 年（万头）	2021 年（万头）	2022 年（万头）	2022 年出栏份额（%）
北京	242	169	28	18	31	32	0.05
天津	297	279	198	194	204	201	0.29
河北	3 785	3 710	3 120	2 908	3 411	3 506	5.01
山西	823	815	740	798	1 131	1 186	1.69
内蒙古	919	896	758	742	813	887	1.27
辽宁	2 627	2 496	2 240	2 175	2 852	2 894	4.14
吉林	1 692	1 570	1 361	1 322	1 750	1 839	2.63
黑龙江	2 090	1 964	1 702	1 790	2 228	2 317	3.31
上海	190	149	118	98	90	99	0.14
江苏	2 806	2 681	1 922	1 826	2 210	2 259	3.23
浙江	1 022	912	756	665	774	851	1.22
安徽	2 829	2 837	2 293	2 151	2 798	2 921	4.17
福建	1 606	1 421	1 297	1 300	1 548	1 614	2.31
江西	3 180	3 124	2 547	2 218	2 910	3 065	4.38
山东	5 181	5 082	3 176	3 345	4 402	4 528	6.47
河南	6 220	6 402	4 502	4 311	5 803	5 919	8.46
湖北	4 448	4 364	3 189	2 631	4 115	4 286	6.12
湖南	6 116	5 994	4 813	4 659	6 122	6 248	8.93
广东	3 712	3 757	2 940	2 537	3 337	3 497	5.00
广西	3 355	3 466	2 506	2 281	3 114	3 347	4.78
海南	548	562	370	262	382	410	0.59

（续）

地区	2017 年（万头）	2018 年（万头）	2019 年（万头）	2020 年（万头）	2021 年（万头）	2022 年（万头）	2022 年出栏份额（%）
重庆	1 751	1 758	1 480	1 435	1 807	1 904	2.72
四川	6 579	6 638	4 853	5 614	6 315	6 548	9.36
贵州	1 825	1 870	1 679	1 662	1 850	1 985	2.84
云南	3 795	3 851	3 423	3 453	4 192	4 532	6.47
西藏	19	18	13	14	17	22	0.03
陕西	1 141	1 151	1 037	985	1 230	1 278	1.83
甘肃	683	692	649	664	845	896	1.28
青海	111	116	99	45	72	77	0.11
宁夏	114	112	97	99	112	111	0.16
新疆	496	527	515	503	665	735	1.05

数据来源：历年《中国统计年鉴》。

紧随其后的是湖南省，其生猪出栏量为 6 248.2 万头，占全国出栏量的 8.93%。湖南省一直以其优质的生猪品种和良好的养殖环境而受到市场的青睐。同时，该省政府在财政补贴和技术支持方面的投入，也为生猪产业的稳健发展提供了有力保障。

河南省在 2022 年的生猪出栏量也表现出强劲的增长势头，达到了 5 918.8 万头，位列第三。作为中国的农业大省，河南省近年来在生猪产业上的投入力度不断加大，通过优化生产结构、提升养殖技术等方式，有效提高了生猪出栏量。

此外，云南省、山东省、湖北省的生猪出栏量也分别达到了 4 531.8 万头、4 528.4 万头和 4 286.2 万头，均保持了稳定的增长态势。这些省在养殖管理、疫病防控等方面取得了显著成效，为生猪产业的持续发展奠定了坚实基础。

第三节　分地区猪肉产量

从图 2-6 可以看出，我国猪肉产量自 2015 年以来，一直处于下跌的态势，2017—2018 年产能有所回升，但受非洲猪瘟疫情影响，2019 年猪肉产量大幅度下跌，下跌幅度达到 21.26%。为了实现稳产保供，加快生猪产能的恢复，2020 年和 2021 年的中央一号文件均就生猪生产的恢复作出了指示。得益于相关政策的支持，生猪产能的恢复成效显著。继 2019 年我国生猪产能大幅下滑之后，2020 年猪肉产量为 4 113 万 t，同比下降 3.34%，下降幅度明显收窄。2021—2022 年猪肉产能快速回升，2022 年达到 5 541 万 t，超过了非洲猪瘟疫情之前 2017 年的水平。

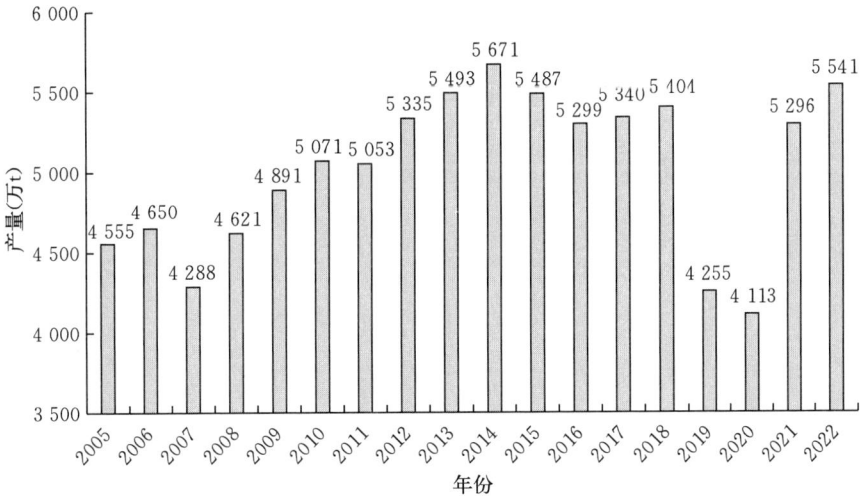

图 2-6　2005—2022 年全国猪肉年度产量变化情况

数据来源：历年《中国统计年鉴》；国家统计局。

如图 2-7 和表 2-2 所示，可以看到各地区猪肉产量在不同年份有明显的波动。一些地区如北京、上海等由于城市化程度高，土地资源有限，猪肉产量相对较低且呈下降趋势。而一些农业大省如四川、河南、山东等则保持着较高的猪肉产量，且在全国范围内占

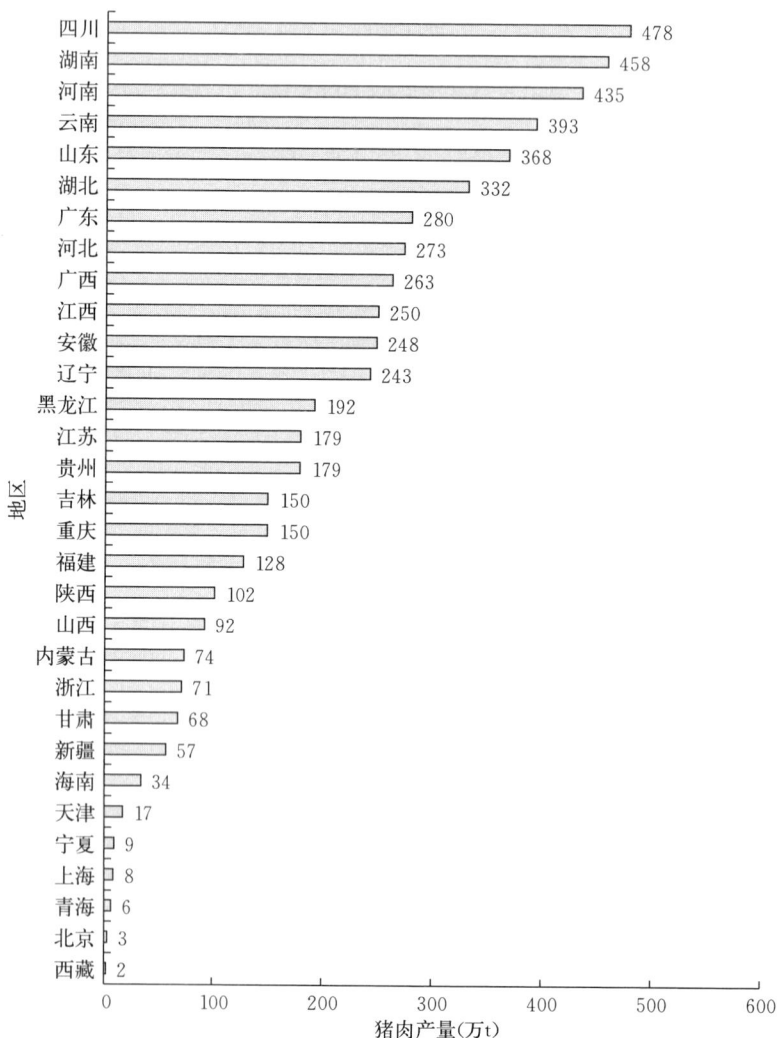

图 2-7　2022 年中国各地区猪肉产量

数据来源：《中国统计年鉴 2023》。

据重要地位。值得注意的是，近年来一些地区如黑龙江、吉林、辽宁等东北地区的猪肉产量也在逐步提升，这与当地政府对农业产业的扶持政策以及市场需求增长有关。

表 2－2　2017—2022 年各地区猪肉产量 2022 年猪肉份额

地区	2017 年（万 t）	2018 年（万 t）	2019 年（万 t）	2020 年（万 t）	2021 年（万 t）	2022 年（万 t）	2022 年猪肉份额（％）
北京	19	14	2	1	3	3	0.05
天津	23	21	16	15	17	17	0.30
河北	291	286	242	227	266	273	4.93
山西	63	62	57	63	88	92	1.67
内蒙古	74	72	63	61	67	74	1.33
辽宁	221	210	189	184	239	243	4.38
吉林	136	127	108	105	142	150	2.71
黑龙江	159	150	135	144	185	192	3.46
上海	15	11	9	7	7	8	0.15
江苏	214	206	146	141	175	179	3.24
浙江	83	74	60	54	65	71	1.29
安徽	243	244	198	183	239	248	4.48
福建	128	113	103	104	124	128	2.31
江西	249	246	207	181	239	250	4.51
山东	427	421	255	271	356	368	6.65
河南	467	479	344	325	427	435	7.85
湖北	339	333	243	204	318	332	5.99
湖南	450	447	349	338	443	458	8.26
广东	278	282	222	192	263	280	5.05

（续）

地区	2017 年（万 t）	2018 年（万 t）	2019 年（万 t）	2020 年（万 t）	2021 年（万 t）	2022 年（万 t）	2022 年猪肉份额（%）
广西	255	264	192	174	245	263	4.74
海南	44	46	30	21	31	34	0.61
重庆	130	132	112	109	142	150	2.71
四川	472	481	353	395	461	478	8.63
贵州	160	165	150	146	166	179	3.23
云南	320	324	288	292	360	393	7.10
西藏	1	1	1	1	1	2	0.03
陕西	86	87	81	78	98	102	1.83
甘肃	50	51	48	49	64	68	1.23
青海	9	9	8	4	6	6	0.11
宁夏	9	9	8	8	9	9	0.16
新疆	36	38	38	38	50	57	1.03

数据来源：历年《中国统计年鉴》。

2022 年，全国各地区猪肉产量的比重反映了各地区在猪肉生产领域的相对重要性。从数据中可以看出，河南、湖南、四川等省的猪肉产量比重较高，这些地区在全国猪肉供应中扮演着举足轻重的角色。特别是河南省，其猪肉产量比重达到了 7.85%，位居全国前列，并且近两年提升速度显著。

与此同时，一些地区如西藏、青海、宁夏等由于地理、气候等条件限制，猪肉产量比重相对较低。然而，这些地区也在努力发展适合自己的畜牧业，以提高猪肉自给率。我国各地区猪肉产量存在较大差异，这既受自然条件、经济发展水平等因素影响，也与地区农业产业结构和发展战略有关。

第四节　猪肉在肉类产品中的地位

2022 年，猪肉产量在猪、牛、羊、禽肉总产量中所占比重为 60.05％，约为牛肉的 7.7 倍、羊肉的 10.6 倍，以及禽肉的 2.3 倍。相较于 2021 年，牛肉、羊肉、禽肉在肉类结构中所占比重均略有下降。2022 年猪肉产量比重自 2018 年以来首次恢复到 60％水平（图 2-8）。

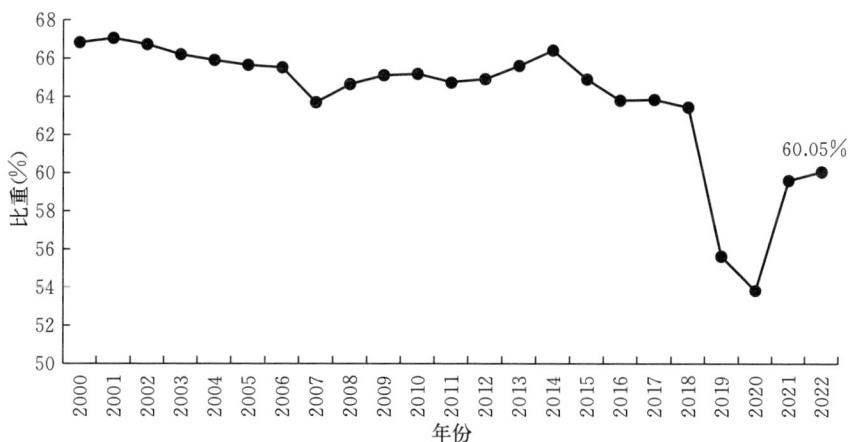

图 2-8　2000—2022 年以来猪肉在猪、牛、羊、禽肉产量中所占比重

数据来源：历年《中国农业统计资料》和历年《中国农村统计年鉴》。

第三章

养殖业成本与收益情况

第一节 成本收益的总体情况

2022 年，全国生猪养殖总体收益相较 2021 年小幅度下降，每出栏一头活猪平均收益约为 2 462 元，同比 2021 年减少 129 元，下降 5.00%。

2009—2022 年，全国生猪养殖的收益呈现出较大的波动（图 3-1）。

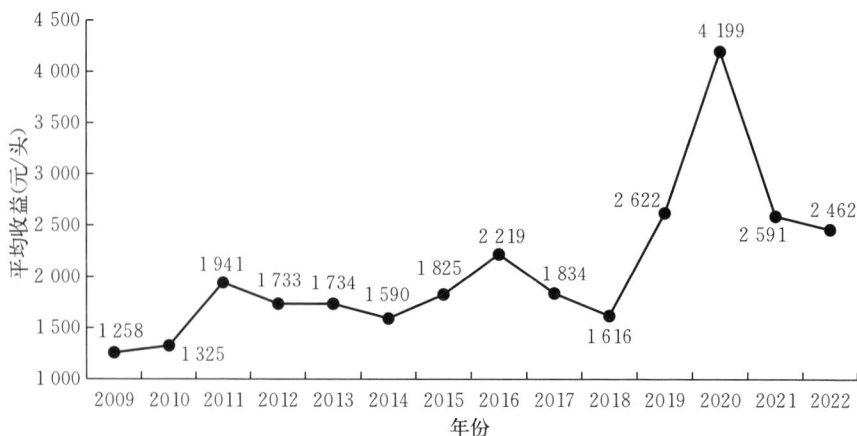

图 3-1 2009—2022 年生猪养殖户平均收益

数据来源：全国农产品成本收益资料汇编。

最低收益出现在 2009 年，为 1 257.80 元/头，而最高收益则出现在 2020 年，高达 4 199.26 元/头。这一显著的增长反映了生猪养殖市场的复杂性和多变性。养猪收益的变化可以分为四个阶段。

2009—2011 年受到我国居民收入提升，相应地对肉类食品需求增长的影响，生猪养殖的收益呈现出稳步增长的趋势。

2012—2016 年此阶段生猪养殖收益出现较大的波动。其中，2012 年和 2014 年收益相对较低，这与低迷的价格以及蓝耳病、仔猪腹泻的扩散有关。

2017—2020 年这一时期，生猪养殖收益持续攀升，尤其在 2020 年达到历史高点。这主要得益于国内外市场对猪肉的强劲需求，以及非洲猪瘟等疫情对全球猪肉供应的冲击，导致猪肉价格大幅上涨。

2021—2022 年在经历了前几年的高增长后，由于市场供应逐渐恢复、价格竞争加剧以及养殖成本上升等因素导致生猪养殖收益在 2021 年开始出现回调。

2021—2022 年我国生猪养殖成本显著下降，这一趋势仍然持续中，每头猪的养殖成本已降至 2 240.57 元（图 3-2）。成本的持

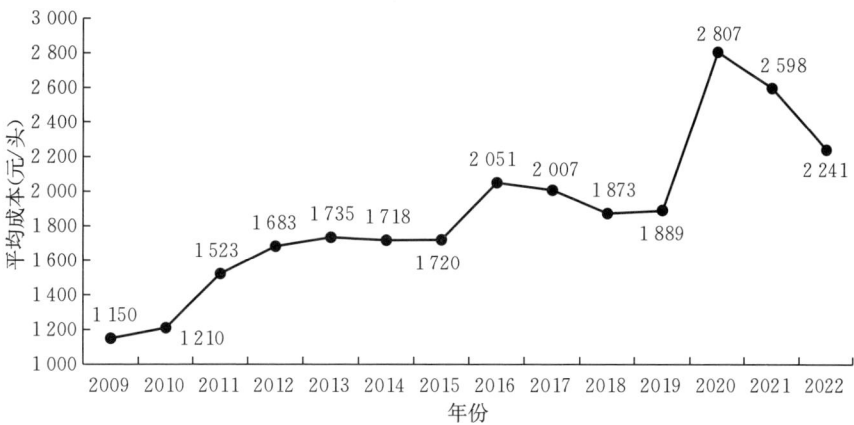

图 3-2　2009—2022 年生猪养殖平均成本

数据来源：全国农产品成本收益资料汇编。

续降低，对于广大养殖户而言，无疑是一个积极的信号，但背后的原因却颇为复杂。

从 2009—2022 年的数据可以看出，生猪养殖成本并非一直呈下降趋势，在 2020 年之前，成本曾经历了一段时期的上涨，达到历史高点的 2 806.53 元/头。但自 2021 年开始，连续两年成本出现下滑。

业内专家指出，由于多个因素的共同作用，推动了生猪养殖成本的降低。首先，近年来养殖技术的不断进步，使得生猪的饲养效率大大提高，从而减少了饲料和药品的消耗。此外，随着规模化、集约化养殖模式的推广，养殖户能够更有效地利用资源，降低单位生猪的养殖成本。

同时，政府对生猪产业的扶持政策也起到了关键作用。为了稳定生猪市场供应，政府出台了一系列措施，包括提供养殖补贴、加强疫病防控等，这些都为养殖户降低了经营风险，从而间接降低了养殖成本。

然而，生猪养殖成本的降低并非没有挑战。市场价格的波动、饲料原料价格的变动以及新冠疫情等不可控因素，都可能对成本产生影响。特别是近年来非洲猪瘟等疫病的暴发，给生猪养殖业带来了巨大冲击，也加剧了成本的不稳定性。

尽管如此，从整体趋势来看，生猪养殖成本的降低仍然是一个积极的信号。它不仅反映了我国生猪养殖业的技术进步和管理水平的提升，也为养殖户带来了更多的利润空间。

近年来，生猪养殖业的盈利水平如过山车般起伏不定，特别是在 2021 年，整个行业仿佛陷入了一片低迷。市场环境的不利与日益加剧的竞争压力，让许多养殖户感到前所未有的困顿。这一切主要源于生猪交易价格的持续下滑，加之 2020 年猪价高企所带来的丰厚利润，像一块磁铁吸引了众多企业纷纷涉足养猪行业。以广东省为例，仅在 2020 年，便有超过千家房企转型投身养猪大业，这一现象无疑使原本就竞争激烈的市场更加白热化。

然而，市场的繁荣并未持续太久，2021 年的市场状况便给许多满怀热情的养殖户泼了一盆冷水。不少养殖户在激烈的竞争中苦苦挣扎，甚至出现了亏损的情况，尤其是散养户，他们的亏损率竟然高达－4.53％。这无疑给整个行业蒙上了一层阴影。

幸运的是，时间来到了 2022 年，我国养猪业终于迎来了久违的春天。这一年，利润状况出现了明显的回暖迹象。具体来看，散养户们每养殖一头猪的利润由 2021 年的亏损 123 元成功翻盘，2022 年实现了每头猪盈利 129 元的佳绩，利润率也一举由负转正，攀升至 5.5％。而对于规模更大的养殖户来说，他们的盈利情况更是喜人，每头猪的盈利从 2021 年的 108 元大幅增长至 2022 年的 315 元，利润率更是飙升至 14.72％（图 3-3）。

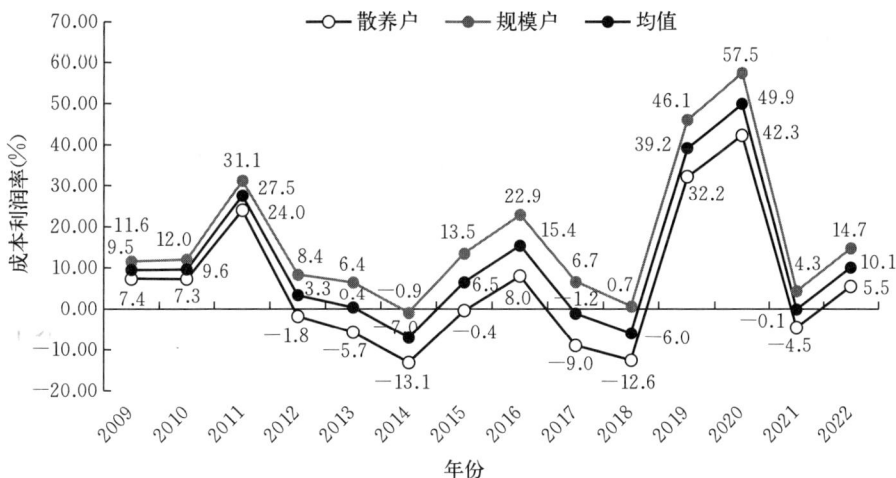

图 3-3　2009—2022 年生猪养殖户成本利润率

数据来源：全国农产品成本收益资料汇编。

在这一波回暖中，大型规模化养猪企业凭借其强大的成本控制能力和市场竞争力，成为最大的赢家。在生猪价格回升的大背景下，它们不仅能够实现更高的盈利，还通过不断提升生产效率、降低单位成本等措施，进一步拓宽了自己的利润空间。

相比之下，中小型养猪场和散养户则面临着更多的挑战。尽管生猪价格的回升给他们的盈利带来了一定的改善，但由于在成本控制和生产效率上的不足，他们的盈利状况仍然难以与大型企业相提并论。尤其是在饲料成本节节攀升的情况下，他们的经营压力更是与日俱增。

当然，除了生猪价格和饲料成本外，疫病风险也是影响养猪业利润的重要因素。尽管近年来我国在疫病防控方面取得了显著的进步，但非洲猪瘟等疫病风险仍然如影随形，对养猪业的稳定生产和利润构成了不小的威胁。一旦疫病暴发，不仅可能导致生猪死亡率大幅上升，还会使得生产成本激增，从而严重影响企业的盈利水平。

第二节　成本结构

一、主要投入要素

生猪养殖的成本结构主要由仔畜费、精饲料费及人工成本构成，这三者在总成本中占有举足轻重的地位。不过，这些成本组成部分的比重，随着时间的推移发生了一些变化。

2022 年的数据显示，仔畜费在总成本中的比重为 23.04％，相较于去年，下降了整整 16 个百分点。与此同时，精饲料费的比重则显著上升至 56.18％，同比增加了 12 个百分点。人工成本也呈现上升趋势，达到了 16.04％，同比上升 3 个百分点。

回顾历史数据，仔畜费的比重在 2014 年触及低点，但在随后的 2015—2016 年出现反弹，2016 年更是达到了历史峰值。然而 2017—2018 年，这一比重再次下滑。值得注意的是，从 2019 年至 2021 年，仔畜费比重再次攀升至 30％以上，并持续保持在这一较高水平。

精饲料费的走势则有所不同。在 2014 年达到高点后，该费用出现回落，并在接下来的几年里稳定在大约 45％的水平。但 2020 年是一个例外，受到非洲猪瘟的影响，能繁母猪的存栏数量锐减，进而导致仔猪的产出量下滑，这使得仔畜费急剧上升，占总成本的比重一度接近 50％。不过，从 2021 年到 2022 年，仔猪价格开始持续下滑。

再看人工成本，自 2009 年以来，这一成本的比重一直在稳步增长，尽管在 2016 年稍有回落。从 2017—2019 年，它又呈现出上升态势，并大致维持在 18％～19.5％。但在 2020—2022 年，这一比重再次出现了下滑。从总体趋势来看，随着仔畜费和精饲料费的增加，人工成本在总成本中的比重逐渐降低。然而，到 2022 年，人工成本出现反弹，保持在一个相对较高的水平上（图 3-4）。

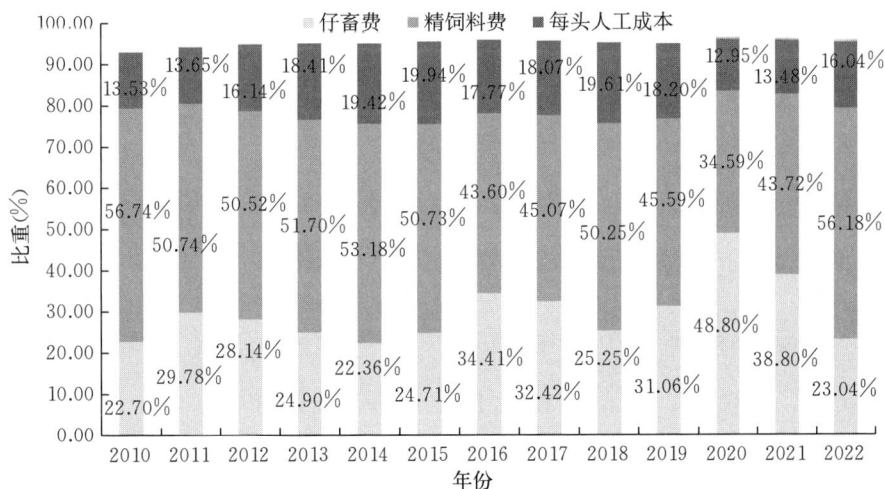

图 3-4 2010—2022 年生猪养殖户主要成本构成

数据来源：全国农产品成本收益资料汇编。

二、不同规模养殖户的成本结构比较

生猪养殖成本问题一直是畜牧业内的热门话题。不同规模的养殖户，其成本构成和数额有着显著的差异。这种差异不仅反映了养殖业的复杂性，也揭示了规模经济在生猪养殖中的重要影响。

从表 3-1 的数据中可以看到，传统散养户的养殖成本始终位于一个相对较高的位置，而大型规模养殖户则展现出更低的成本结构。这一发现与经济学中的规模经济理论相吻合，即随着生产规模的扩大，单位产品的平均成本会呈现下降的趋势。

表 3-1　2022 年不同规模养殖户主要成本结构

养殖规模	总成本（元/头）	仔畜费		饲料费		人工	
		成本（元/头）	总成本占比（%）	成本（元/头）	总成本占比（%）	人工成本（元/头）	总成本占比（%）
散养户	2 342.76	501.23	21.39	1 244.21	53.11	524.63	22.39
小规模	2 157.55	486.62	22.55	1 316.78	61.03	270.25	12.53
中规模	2 208.34	558.41	25.29	1 353.31	61.28	197.3	8.93
大规模	2 050.02	545.43	26.61	1 246.43	60.80	113.45	5.53

数据来源：全国农产品成本收益资料汇编。

表 3-1 提供了 2022 年不同规模养殖户的主要成本结构，包括总成本、仔畜费、饲料费和人工成本等关键指标。

首先，关注仔畜费这一栏。中等规模养殖户在这一项上的支出最高，每头生猪的仔畜费达到了 558.41 元，与他们更注重选购品种优良、生长潜力大的仔猪有关。大规模养殖户的仔畜费紧随其后，而散养户和小规模养殖户则相对较低。这种差异在很大程度上是因为购买仔畜时的决策不同。例如，大规模养殖户更倾向于购买体重超过 17 kg 的仔畜，这样的选择可能有助于缩短养殖周期和提高生产效率。

在饲料费方面，中等规模养殖户同样位居榜首，每头生猪的饲料费用高达 1 353.31 元。这可能与他们的饲养方式、饲料品质以及生猪的生长速度有关。值得注意的是，虽然大规模养殖户的精饲料使用量相对较低，但他们的饲料费并非最低，这表明他们在饲料选择上可能更注重品质和营养成分。与此相反，散养户的饲料费最低，与他们的饲养方式、饲料来源以及生猪的生长速度有关。

然而，最令人瞩目的是人工成本这一栏。随着国内劳动力成本的不断攀升，大规模养殖户在人工成本上的优势愈发明显。根据数据，散养户的人工成本高达 524.63 元/头，而大规模养殖户则仅为 113.45 元/头，差距悬殊。这一巨大差异主要归因于大规模养殖户能够实现劳动力的规模化利用，从而提高劳动效率并降低成本。

此外，从养殖周期的角度来看，散养户的平均饲养天数明显长于大规模养殖户。这意味着在相同的时间内，散养户能够出栏的生猪数量相对较少，从而增加了单位生猪的养殖成本。这一发现再次印证了规模经济在生猪养殖中的重要性。

当然不能忽视其他一些间接成本，如水电费、燃料费、医疗防疫费以及技术服务费等。尽管这些费用在不同规模的养殖户之间存在一定的差异，但它们在总成本中的占比相对较小，因此不会对总成本差异产生决定性影响。

第三节 不同规模养殖户收益比较

从表 3 - 2 可看出，2010—2022 年，我国各规模养殖户的生猪生产成本呈逐年波动上升的趋势。大规模养殖户的生产成本从 2010 年的 1 164.6 元/头增加至 2022 年的 2 050.0 元/头，增速高达 76.0%，年均增速为 6.33%。中、小、散养殖户的生产成本分别从 1 179.7 元/头、1 164.8 元/头、1 250.1 元/头增加至 2 208.3 元/头、2 157.6 元/头、2 342.8 元/头。增速分别为 87.19%、85.23%、87.41%，年均增速分别为 7.27%、7.10%、7.28%。

表 3 - 2 2010—2022 年分规模我国生猪生产成本收益情况

年份	散户				小规模			
	头重 (kg)	产值 (元/头)	成本 (元/头)	利润 (元/头)	头重 (kg)	产值 (元/头)	成本 (元/头)	利润 (元/头)
2010	111.6	1 341.0	1 250.1	90.9	110.9	1 299.2	1 164.8	134.4
2011	112.7	1 953.9	1 576.3	377.6	113.7	1 956.8	1 491.7	465.1
2012	114.7	1 745.8	1 777.9	−32.1	116.1	1 745.0	1 621.1	123.9
2013	115.6	1 746.9	1 852.8	−105.9	116.6	1 737.9	1 661.1	76.8
2014	116.1	1 602.0	1 843.6	−241.7	117.2	1 593.6	1 631.3	−37.7
2015	116.1	1 827.2	1 835.1	−8.0	119.5	1 853.6	1 679.9	173.7
2016	118.3	2 214.5	2 050.5	164.1	119.9	2 240.1	1 861.2	378.9
2017	120.7	1 826.8	2 006.8	−180.0	122.0	1 851.9	1 788.5	63.4
2018	122.5	1 637.5	1 872.8	−235.4	124.1	1 596.0	1 641.2	−45.2
2019	120.9	2 617.8	1 980.1	637.8	125.1	2 593.9	1 808.7	785.2
2020	123.3	4 146.3	2 913.7	1 232.6	127.8	4 277.6	2 781.5	1 509.6
2021	126.2	2 586.5	2 709.2	−122.7	131.1	2 574.8	2 564.2	10.6
2022	127.9	2 471.6	2 342.8	128.9	131.3	2 448.2	2 157.6	290.6

（续）

年份	中等规模				大规模			
	头重 (kg)	产值 (元/头)	成本 (元/头)	利润 (元/头)	头重 (kg)	产值 (元/头)	成本 (元/头)	利润 (元/头)
2010	112.5	1 340.2	1 179.7	160.6	107.7	1 289.9	1 164.6	125.3
2011	112.6	1 937.5	1 465.3	472.2	109.2	1 888.4	1 452.9	435.5
2012	115.0	1 730.9	1 585.6	145.2	111.7	1 687.3	1 555.5	131.8
2013	116.0	1 739.8	1 618.1	121.6	112.2	1 684.7	1 571.3	113.4
2014	117.6	1 591.9	1 598.9	—7.0	114.5	1 548.3	1 546.1	2.3
2015	118.7	1 845.7	1 600.2	245.5	115.0	1 767.3	1 535.2	232.1
2016	120.3	2 237.1	1 816.8	420.3	117.6	2 193.8	1 752.7	441.1
2017	121.8	1 858.6	1 723.1	135.5	118.6	1 816.0	1 668.6	147.4
2018	123.7	1 614.8	1 582.8	32.0	120.1	1 574.6	1 530.6	44.0
2019	124.4	2 648.7	1 802.5	846.2	123.9	2 634.0	1 781.0	853.0
2020	129.0	4 255.1	2 725.7	1 529.5	126.7	4 201.9	2 591.1	1 619.4
2021	133.2	2 619.4	2 510.8	108.7	129.2	2 593.0	2 387.3	205.7
2022	133.8	2 509.2	2 208.3	300.9	128.5	2 402.3	2 050.0	352.2

数据来源：历年《全国农产品成本收益资料汇编》。

总体来看，2017 年至 2018 年间，各规模养殖户的生猪生产成本出现了明显的小幅下滑。这主要是由于这两年我国玉米、豆粕等生猪主要饲料原料价格的下降所致。然而，2019 年生猪生产成本开始回升，并在 2020 年达到峰值。这主要是由于非洲猪瘟疫情和新冠疫情的影响。由于生猪出栏量不足，养猪场的生物安全措施全面升级，各项管理成本也相应提升。

另外，2022 年相比 2021 年各规模养殖户的生猪生产成本出现了明显的下滑。这主要是因为面对猪价下行和非洲猪瘟等风险，养殖企业积极采取了降本增效措施，并选择稳定规模生产，并同步发展下游产业。

从 2010—2022 年的数据来看，生猪养殖收益经历了显著的波动。特别是自 2019 年开始，受非洲猪瘟疫情影响，生猪供需失衡，导致猪肉价格大幅上涨。这一时期，不同规模养殖户的收益表现出明显的差异。2019、2020 期间散户和小规模户的生产利润由亏转盈，且增长显著，而中等规模户和大规模户的利润则实现了更大幅增长。

然而，好景不长。从 2021—2022 年，随着生猪价格的低迷，我国生猪养殖的收益水平开始普遍下降。这种下降趋势在 2022 年上半年尤为明显，许多养殖户面临亏损的困境。农业农村部的数据显示（表 3-3，表 3-4），2022 年上半年无论是散养户还是规模养殖户，均出现多月亏损情况，生猪养殖行业在此期间经历着严峻的挑战。

表 3-3　2022 年上半年养猪业盈利情况

	1 月	2 月	3 月	4 月	5 月	6 月
猪粮比价	5.77	5.13	4.67	4.85	5.42	5.82
散养生猪每头产值（元）	2 015	1 706	1 601	1 772	2 014	2 133
散养生猪每头成本（元）	2 058	1 898	1 929	2 010	2 098	2 106
散养生猪每头净利润（元）	−44	−192	−328	−237	−84	27
规模养殖生猪每头产值（元）	2 025	1 767	1 653	1 798	2 058	2 189
规模养殖生猪每头成本（元）	1 978	1 891	1 898	1 933	1 970	2 002
规模养殖生猪每头净利润（元）	47	−124	−244	−135	89	187

数据来源：农业农村部。

表 3-4 2022 年下半年养猪业盈利情况

	7 月	8 月	9 月	10 月	11 月	12 月
猪粮比价	7.71	7.77	8.43	9.47	8.71	7.02
散养生猪每头产值（元）	2 823	2 825	3 105	3 552	3 247	2 685
散养生猪每头成本（元）	2 098	2 161	2 243	2 306	2 367	2 369
散养生猪每头净利润（元）	726	664	862	1 246	879	316
规模养殖生猪每头产值（元）	2 907	2 893	3 182	3 655	3 351	2 755
规模养殖生猪每头成本（元）	2 027	2 063	2 140	2 232	2 297	2 291
规模养殖生猪每头净利润（元）	879	831	1 042	1 423	1 054	474

数据来源：农业农村部。

在生猪养殖收益波动的背景下，中小规模户、散养户面临的挑战尤为突出。根据湛江科技学院生猪产业研究所的实地调查数据，2022 年上半年，许多中小散养户面临贷款难、无力购买饲料等资金链断裂现象。这些问题直到 2022 年第四季度才有所缓解，但中小规模户、散养户的生存状况仍然堪忧。

与大企业相比，中小规模户、散养户在农业融资方面存在巨大的竞争力差异。在生猪价格低迷时期，这种差异更为明显，中小规模户、散养户的生存能力远低于大企业。这不仅影响了养殖户的经济利益，也对整个生猪养殖行业的稳定发展构成了威胁。

表 3-5 详细展示了自 2010—2022 年不同规模生猪养殖户单位成本变化情况。从表中数据可以清晰地看到，散养户的单位成本普遍高于规模户，且成本差距呈现出扩大趋势。这一现象充分说明了生猪养殖过程中存在明显的规模经济效应：随着养殖规模的扩大，单位成本逐渐降低。

表 3 - 5   2010—2022 年不同规模生猪生产户单位成本变化情况（元/kg）

年份	散养	小规模	中规模	大规模
2010	11.20	10.50	10.49	10.81
2011	13.99	13.12	13.01	13.30
2012	15.50	13.96	13.79	13.93
2013	16.03	14.25	13.95	14.00
2014	15.88	13.92	13.60	13.50
2015	15.81	14.06	13.48	13.35
2016	17.33	15.52	15.10	14.90
2017	16.63	14.66	14.15	14.07
2018	15.29	13.22	14.15	14.07
2019	16.38	14.46	14.49	14.37
2020	23.63	21.77	21.13	20.45
2021	21.47	19.56	18.86	18.48
2022	18.31	16.43	16.50	15.95

数据来源：历年《全国农产品成本收益资料汇编》。

以散养户和大规模养殖户为例，两者之间的单位成本差距逐年增加。2010 年，两者单位成本相差不到 1 元/kg，而到了 2020 年，这个差距已经扩大至超过 3 元/kg。尽管在 2022 年，所有规模养猪户的生产成本都有所下降，但散养户与规模户之间的成本差距依然明显。

我国生猪供给水平的提升与多方面因素息息相关。首先，生猪养殖技术的不断进步为降低生产成本、提高生产效率提供了有力支持。其次，规模化养殖的推广使得生猪养殖更加集约化、专业化，从而实现了成本的优化。此外，国家相关利好政策的出台也为生猪养殖业的发展创造了良好的外部环境。

　　然而，生猪产业在取得显著成就的同时，仍面临着疫病和国际形势等多重因素的挑战。这些因素导致生猪生产的成本和收益波动较大，增加了市场的不确定性。

第四节　分地区成本收益情况比较

　　图 3-5 和表 3-6 分析了 2022 年我国各省生猪养殖的利润情况。根据分区域生猪养殖利润差异报告的数据显示，青海、浙江和贵州三省在成本利润率方面表现突出，分别高达 37.20%、27.18% 和 26.30%，这表明这些省在生猪养殖业上取得了显著的经济效益。同时，研究还发现，贵州、海南和浙江三省的生猪平均

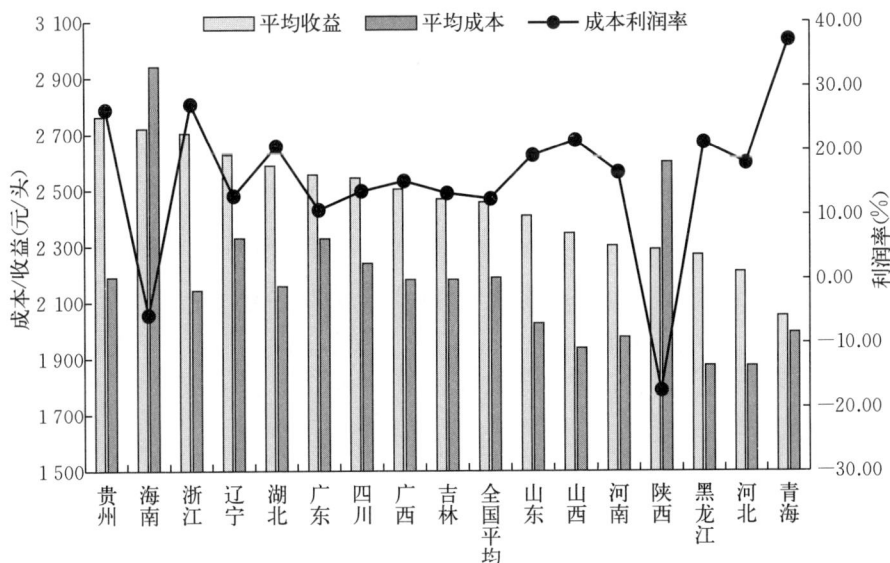

图 3-5　2022 年各地区平均成本收益情况

数据来源：全国农产品成本收益资料汇编。

收益较为领先，每头猪的平均收益分别达到了 2762 元、2721 元和 2704 元，进一步体现了这些地区在生猪养殖方面的高收益特征。

海南省虽然生猪的平均收益较高，但由于其养殖成本也偏高，导致净利润可能为负。如辽宁、吉林、河北等中等利润区域的一些省，虽然表现出一定的盈利能力，但仍然需要通过更加精细的成本控制和养殖效率的提升来优化经济效益。

表 3 - 6　2022 年不同地区养殖户成本收益结构

地区	平均收益 （元/头）	平均成本 （元/头）	净利润 （元/头）	成本利润率 （％）
全国平均	2 457.83	2 189.67	268.16	12.45
河北	2 211.11	1 874.96	336.15	17.98
山西	2 346.89	1 937.32	409.58	21.54
辽宁	2 625.97	2 329.66	296.31	12.86
吉林	2 469.18	2 182.29	286.89	13.30
黑龙江	2 270.81	1 876.12	394.69	21.24
浙江	2 703.54	2 143.07	560.47	27.18
山东	2 410.02	2 025.47	384.55	19.21
河南	2 302.31	1 976.53	325.79	16.52
湖北	2 587.43	2 157.64	429.78	20.61
广东	2 555.58	2 328.87	226.71	10.71
广西	2 504.45	2 182.83	321.63	15.17
海南	2 721.28	2 941.09	－219.81	－5.71
四川	2 544.17	2 240.52	303.64	13.61
贵州	2 761.72	2 190.40	571.32	26.30
陕西	2 290.44	2 599.66	－302.03	－17.43
青海	2 052.96	1 993.61	24.39	37.20

数据来源：全国农产品成本收益资料汇编。

第四章

饲料原料市场情况

第一节　饲料原料的价格走势

如图 4-1 和表 4-1 所示，2022 年玉米价格相比 2021 有小幅上升，全年在高位稳态波动，全年平均价格为 2.98 元/kg，同比上涨 1.40%。豆粕全年平均价格为 4.65 元/kg，同比上升 22.67%，育肥猪配合饲料全年平均价格为 3.88 元/kg，同比上涨 7.54%。

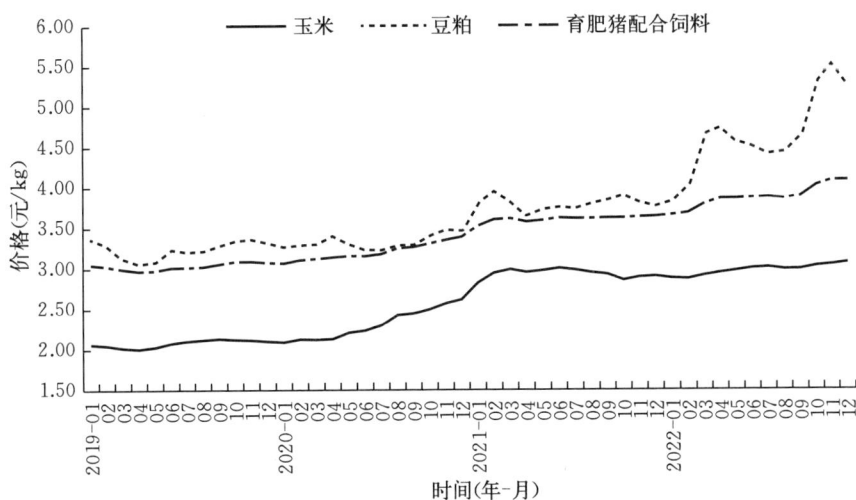

图 4-1　2019—2022 年全国玉米、豆粕以及育肥猪配合饲料价格走势

数据来源：国家统计局、国家发展和改革委员会。

表 4 - 1 2022 年全国玉米、豆粕以及育肥猪配合饲料价格走势（元/kg）

月份	玉米	豆粕	育肥猪配合饲料
1 月	2.88	3.82	3.66
2 月	2.87	4.02	3.69
3 月	2.92	4.65	3.80
4 月	2.95	4.73	3.86
5 月	2.97	4.56	3.86
6 月	3.00	4.50	3.87
7 月	3.01	4.40	3.88
8 月	2.99	4.43	3.86
9 月	2.99	4.63	3.89
10 月	3.03	5.29	4.03
11 月	3.04	5.53	4.09
12 月	3.07	5.26	4.09

数据来源：国家统计局、国家发展和改革委员会。

根据钢联数据中心 Mysteel 的统计数据，2022 年全国豆粕价格出现了高位运行的态势。这一现象的主要原因是生猪饲料原料的价格全年维持相对高位，价格上涨趋势较为明显。而豆粕作为主要的生猪饲料原料之一，其价格的波动对生猪产业产生了重要影响。据统计，2022 年全国豆粕价格在一年内两次创下历史最高价，最高点出现在 11 月 20 日，达到了 5 702 元/t。

然而，豆粕价格的上涨并非毫无原因。2019 年，由于多地区暴发非洲猪瘟疫情，生猪产能大幅下降，导致豆粕需求量同比下降 1.72%。然而，到了 2020 年，随着国家倡导生猪复产复养及养殖利润的驱动，生猪产能逐渐恢复，到年底已恢复到非洲猪瘟疫情前的80%以上，豆粕需求大幅增加，同比增加11.78%。这也导致了豆粕价格的上涨。

此外，2021年受原料价格上涨的影响，豆粕表观消费量略有下滑，同比下滑5.11%。而到了2022年，豆粕表观消费量为6 770万t，同比下降225万t，跌幅为3.22%。这也说明了受豆粕价格上涨的影响，其需求量出现了一定程度的下降。

第二节　分地区饲料原料的生产情况

一、玉米的生产情况

近年来，我国玉米产量保持了稳定的增长势头，尤其在2021—2022年期间，玉米产量呈现出显著的上升趋势。据国家统计局数据，2022年我国玉米产量高达27 720万t，与2012年的20 956万t相比，增长了20.75%。这一令人瞩目的增长不仅为我国粮食安全提供了有力的保障，同时也为农业的持续繁荣奠定了坚实的基础（图4-2）。

从2022年各省的玉米产量数据来看（图4-3），东北和华北地区无疑是我国玉米生产的核心区域。其中，黑龙江、吉林、内蒙古、山东、河南五省（自治区）的玉米产量表现尤为出色，合计占据了全国玉米总产量的55.03%。值得一提的是，黑龙江省凭借其得天独厚的土地资源和精湛的农业技术，玉米产量稳居全国领先地位。同时，吉林省的玉米产量也呈现出强劲的增长态势，为我国玉米产业的蓬勃发展注入了强大的动力。

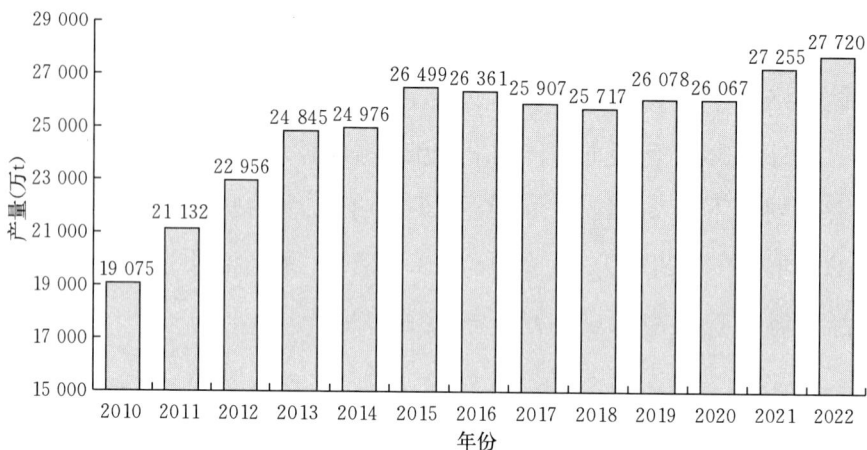

图 4-2　2010—2022 年全国玉米历年产量

数据来源：国家统计局。

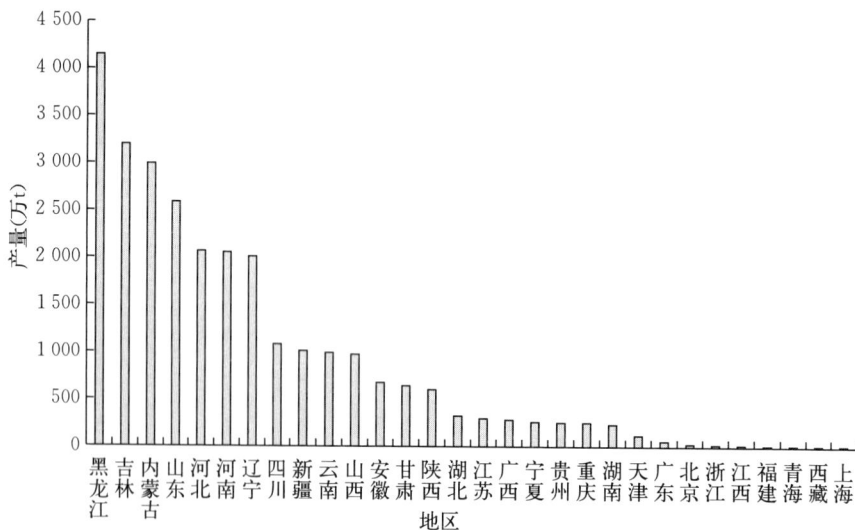

图 4-3　2022 年全国各地区玉米产量

数据来源：中国统计年鉴 2023 年。

　　我国玉米产量的稳定增长，特别是 2022 年的显著突破，彰显了我国农业的持续进步和强大实力。东北和华北地区作为我国玉米生产的主力军，为维护国家粮食安全作出了卓越的贡献。此外，我们也应关注到玉米种植技术的创新和提升、农业政策的扶持以及市场需求的拉动等因素对玉米产量的积极影响。这些因素共同推动了我国玉米产业的繁荣，也为农民带来了更加丰厚的收益。

我国玉米种植面积受国内玉米市场供需环境变化的影响，自2004年以来，玉米种植面积呈逐年上升趋势。2008年临储玉米收购政策实施后，玉米种植面积增幅更为明显，到2015年达到最高水平。在此期间，玉米种植面积实现了12连增。但随后，2016年临储政策退出市场，国家政策开始引导对非优势主产区种植面积进行缩减。这导致2016年以来玉米种植面积连续五年下降。到2020年，玉米种植面积止跌回稳。2021年种植面积实现恢复性增长，但2022年中央一号文件继续调整政策，从2021年的"两稳一增"向2022年的"两稳两扩"转变，大力实施大豆、油料产能提升工程，致使玉米种植面积再度下滑。因此，2022年度玉米播种面积0.4亿 hm^2，比2021年度减少0.79%。

二、大豆的生产情况

近年来，在振兴中国大豆计划的推动下，我国大豆播种面积原本呈现出逐年增加的趋势。然而，2021年，由于玉米收益的显著增长，相比之下大豆种植的收益显得较低，这在一定程度上削弱了农民的种植意愿，导致大豆播种面积出现下滑。但情况在2022年发生了积极的变化（图4-4）。

在2022年，东北地区积极响应并扩大了大豆的种植面积，同时实施了玉米和大豆的合理轮作制度。黄淮海、西北、西南等地区也推广了大豆和玉米的带状复合种植模式，这些措施共同促使大豆

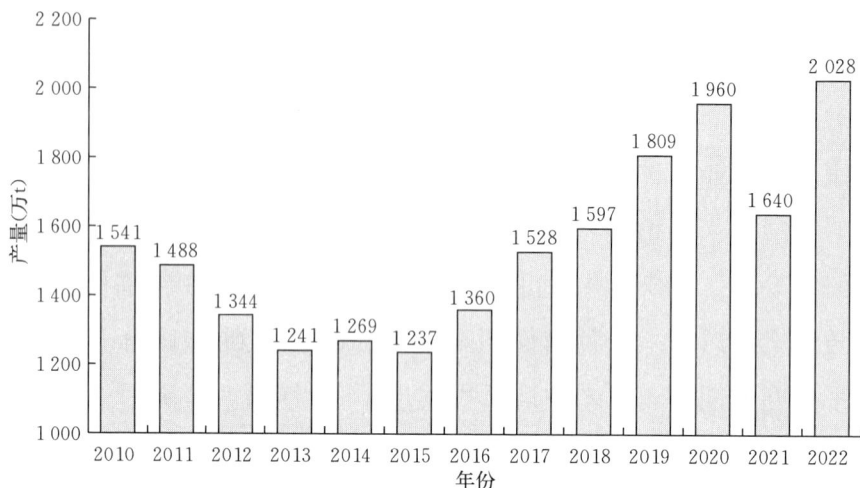

图 4 - 4　2010—2022 年全国大豆历年产量

数据来源：历年中国农村统计年鉴。

种植面积实现了大幅增长。据统计，中国 2022 年的大豆播种面积达到了约 1 027.18 万 hm²，同比激增了 22.1%。

从产量角度来看，得益于我国相关政策的扶持、农业机械化水平的持续提升，以及大豆种植面积和单产水平的提高，我国大豆产量继续呈现出增长的态势。尽管 2021 年的种植面积有所下滑，但令人欣喜的是，中国 2022 年的大豆产量达到了 2 028.5 万 t，相比 2021 年增加了 388 万 t，增幅高达 23.7%，创下了历史新高。

此外，随着国产大豆种植面积的恢复性增长，以及国产大豆取消临储政策后价格与国际市场的逐步接轨，国产大豆的价格竞争优势逐渐显现。这一变化进一步促进了国产大豆产量的回升。如图 4 - 5 所示，2022 年我国各地区大豆产量的分布情况清晰地表明，黑龙江和内蒙古是我国大豆生产的主力省（自治区），其产量占据了全国总产量的 59.10%。这两个地区在大豆生产上的突出贡献，为我国大豆产业的繁荣奠定了坚实的基础。

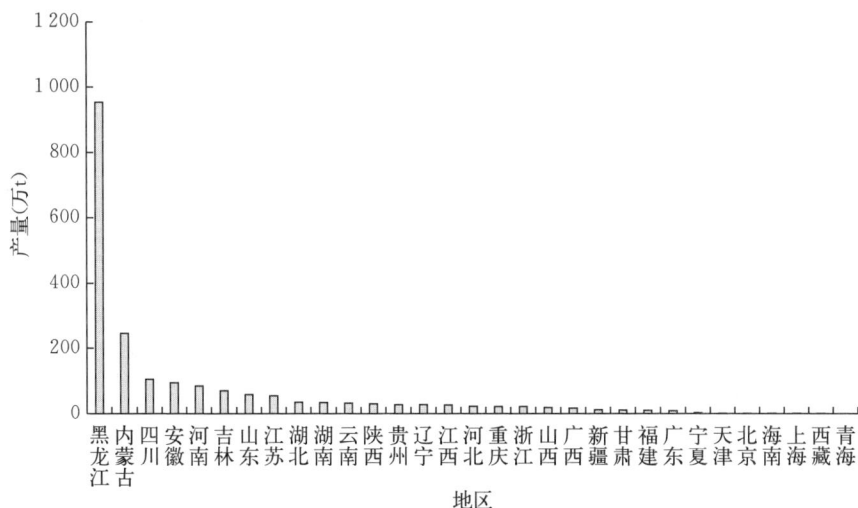

图 4-5　2022 年全国各地区大豆产量

数据来源：2023 年中国农村统计年鉴。

第三节　2022 年全国饲料工业发展概况

根据中国饲料工业协会权威发布的《2022 年全国饲料工业发展概况》报告，对去年全国饲料工业的整体状况有了全面而深入的了解。报告显示，2022 年全国工业饲料在产值和产量上都取得了显著增长，这不仅反映了行业的蓬勃发展，也揭示了产品结构正在加速调整，同时规模企业的经营状况保持稳定，整个饲料行业的创新发展步伐日益加快。

一、饲料工业总产值持续增长

2022 年，全国饲料工业总产值达到了惊人的 13 168.5 亿元，相较于前一年，增长了 7.6%。同时，总营业收入也实现了 8.0% 的稳健增长，达到了 12 617.3 亿元。具体来看，饲料产品的产值和营业收入分别增长了 7.8% 和 8.2%，而饲料添加剂产品的产值和营业收入也分别实现了 9.8% 和 5.2% 的增长。尽管饲料机械产品的产值略有下滑，但其营业收入却逆势增长了 11.1%，显示出市场对饲料机械的需求依然旺盛。

二、工业饲料总产量再创新高

2022 年全国工业饲料总产量首次突破了 3 亿 t 大关，这无疑是行业发展的一个重要里程碑。其中，配合饲料的产量增长尤为显著，达到了 28 021.2 万 t，同比增长了 3.7%。尽管浓缩饲料和添加剂预混合饲料的产量略有下降，但这并不妨碍整体产量的稳步增长。从各类饲料的产量来看，猪饲料、反刍动物饲料、水产饲料以及宠物饲料的产量都实现了不同程度的增长，特别是反刍动物饲料和水产饲料的增长幅度较大，分别达到了 9.2% 和 10.2%。此外，散装饲料的销量也呈现出强劲的增长势头，总量达到了 10 703.1 万 t，同比增长了 18.5%，占配合饲料总产量的比例也提高了 4.8 个百分点。

三、饲料添加剂总产量微降，但内部结构优化明显

尽管全国饲料添加剂的总产量比上年微降了 0.6%，达到 1 468.8 万 t，但可以看到其内部的产品结构正在发生积极的变化。单一饲料添加剂的产量保持了微弱的增长，而混合型饲料添加剂的产量却有所下滑，但这也反映了市场对更高效、更专一的添加剂的

需求增加。值得注意的是，氨基酸产品的产量实现了 5.6% 的增长，显示出市场对这一类产品的持续需求。同时，微生物和非蛋白氮等环保型产品的产量也保持了增长，特别是非蛋白氮的产量增长了高达 59.1%，这无疑是行业对环保和可持续发展的积极响应。然而，维生素产品的产量下滑了 15.4%，可能与市场饱和以及新产品的替代有关。

四、企业经营规模适度调整，行业集中度提高

在经营规模方面，虽然年产百万吨以上的饲料企业集团数量减少了 3 家，总数为 36 家，但这些集团的饲料产量仍占全国总产量的 57.5%，显示出行业的集中度正在提高。同时，有 6 家企业集团的年产量超过了 1 000 万 t，进一步巩固了其在行业中的领导地位。此外，全国年产十万吨以上的饲料生产厂数量也有所减少，但这些厂家的总产量仍占据了市场的较大份额。这些变化都表明，饲料工业正在经历着规模化和集约化的发展过程。

五、优势区域布局稳定，部分省份增长迅猛

从地域分布来看，全国饲料产量的优势区域布局保持稳定，共有 13 个省（自治区、直辖市）的饲料产量超过了千万吨。其中，山东和广东两省继续领跑全国，饲料产品总产值分别达到了 1 712 亿元和 1 517 亿元。同时，有 22 个省（自治区、直辖市）的饲料产量实现了比上年增长，特别是宁夏、福建、内蒙古、安徽和河南等 5 个省（自治区）的增长幅度超过了 10%，显示出这些地区饲料工业的强劲发展势头。

六、配方结构更加多元化，更加适应市场需求

在饲料配方方面，全国饲料生产企业正在积极调整原料结构以适应市场的多元化需求。玉米作为主要的饲料原料之一，其用量比上年增加了 30.1%，在配合饲料中的比例也相应提高。同时，菜粕、棉粕等杂粕的用量也实现了增长，这既是对原料多样性的追求也是对成本控制的考虑。另外值得注意的是小麦、大麦的用量在大幅减少，而高粱以及麦麸、米糠等加工副产品的用量在快速增加，这反映了企业对饲料配方的灵活调整以及对市场需求的敏锐洞察。

七、产品创新步伐加快，推动行业升级

在产品创新方面，2022 年共有 5 个新的饲料添加剂产品通过了评审并获得了证书。其中枯草三十七肽和腺苷七肽是首次批准的生物肽类饲料添加剂，这无疑为行业的创新发展注入了新的活力。同时，还有 4 个饲料添加剂品种的适用范围得到了扩大，以及 1 种新的原料被增补进入《饲料原料目录》。这些创新举措不仅丰富了饲料产品的种类和性能，也为行业的可持续发展提供了强有力的支持。

第四节　饲料原料的进出口情况

近年来，我国玉米进口量呈现出逐年增长的趋势。特别是在 2021 年，进口总量达到了惊人的 2 835 万 t，其中大部分来源于美

国和乌克兰。然而，国际政治和经济形势的变化，如俄乌冲突，对全球玉米贸易格局产生了深远影响。这些事件不仅导致乌克兰玉米出口受阻，而且在"强美元"环境下，我国玉米进口成本急剧上升，每吨成本增加超过 3 200 元，这无疑削弱了国内玉米进口的经济优势。

面对这一形势，国内饲料企业开始策略性地减少对美国玉米的采购量，以应对成本上涨的压力。到了 2022 年第二季度末，进口玉米的价格已经攀升至高于国内玉米价格的水平，导致进口量开始下滑。与此同时，受战乱影响，乌克兰的玉米出口更多地转向了欧洲市场，进一步影响了我国的进口状况。

为了应对这一挑战，并保障国家粮食安全，我国积极拓展玉米进口来源。在这一背景下，海关总署与巴西农业部在 2022 年 5 月签署了相关议定书，标志着在时隔九年后巴西玉米将重返中国市场。这一举措不仅为我国的玉米进口提供了新的选择，也有助于缓解因国际形势变化带来的进口压力。

随着 2023 年的到来，我国玉米进口增长的趋势愈发明显。据海关总署数据（表 4-2），尽管 2022 年全年玉米进口量同比下降了 27.3%，但这一变化更多是由于国际形势和市场价格的波动所致。从具体进口国家来看，美国依然是我国玉米进口的主要来源，但进口量同比减少了一定的比例。而从乌克兰的进口量则出现了更为显著的下滑，尽管在年底有所恢复，但全年总量仍大幅下降。

深入分析这一趋势背后的原因，我们不难发现，国内玉米供应的紧张状况是推动进口量增长的主要因素。过去几年，国内新增玉米供应一直未能满足需求，导致每年都需要依靠临储玉米来填补供应缺口。然而，随着临储玉米库存的逐渐耗尽，玉米市场进入了

"紧平衡"状态。因此，增加进口量成为缓解国内供应压力的有效途径。

表 4-2 2010—2022 年我国玉米进口情况

年份	总量		金额		平均价格
	进口量（万 t）	增长率（%）	进口金额（万美元）	增长率（%）	（美元/kg）
2010	157.2	1 781	36 722.08	1 693	0.23
2011	175.3	11	57 757.36	57	0.33
2012	520.7	197	145 018.15	151	0.28
2013	326.5	−37	93 643.44	−35	0.29
2014	260.0	−20	72 902.76	−22	0.28
2015	473.0	82	110 780.63	52	0.23
2016	316.7	−33	63 772.88	−42	0.2
2017	283.0	−11	60 063.20	−6	0.21
2018	343.7	21	76 836.90	28	0.22
2019	479.1	39	106 318.50	35	0.22
2020	1 129.4	135	249 047.77	134	0.22
2021	2 835.0	151	800 498.80	221	0.28
2022	2 062.0	−27	710 060.10	−11	0.34

数据来源：海关总署。

随着我国玉米需求的持续增长和国内市场供应的紧张状况，玉米进口的趋势预计将继续保持增长。这不仅有助于弥补国内供应缺口，保障粮食安全，同时也将对全球玉米贸易格局产生深远影响。

在出口方面，根据最新数据，我国在 2022 年并没有玉米出口的记录。这一情况反映出我国当前玉米市场的供需状况，以及国家对于粮食安全的重视。在保障国内需求的前提下，我国谨慎对待玉米出口，以确保国内市场的稳定和供应的充足（表4-3）。

出口方面，2022年无玉米出口记录。

表4-3　2009—2022年我国玉米出口情况

年份	总量		金额		平均价格
	出口量（万t）	增长率（%）	出口金额（万美元）	增长率（%）	（美元/kg）
2009	12.95	−49	3 168.86	−57	0.24
2010	12.73	−2	3 332.82	5	0.26
2011	13.60	7	4 653.56	40	0.34
2012	5.46	−60	2 077.38	−55	0.38
2013	7.76	42	3 317.09	60	0.43
2014	2.00	−74	766.42	−77	0.38
2015	1.11	−45	485.36	−37	0.44
2016	0.39	−65	274.47	−43	0.7
2017	8.59	2 103	2 223.50	710	0.26
2018	1.22	−86	599.20	−73	0.49
2019	2.61	114	987.10	65	0.38
2020	0.30	−90	427.40	−57	1.42
2021	0.55	84	203.26	−52	0.37
2022	0.00	−100	0.00	−100	—

数据来源：海关总署。

根据海关总署发布的数据，2022年，中国的大豆进口量减少了5.6%，连续第二年出现下降。这一趋势主要受到年初需求低迷、油厂压榨亏损影响进口商采购积极性以及全球大豆价格上涨和南美大豆供应紧缺等因素的影响。在所有进口来源中，巴西以59.73%的极高比例占据主导地位，进口量达到5 440万t。然而，与上一年度相比，这一数字仍然下滑了 6%。其主要原因是巴西的干旱天气导致大豆减产，以及大豆价格高企和农户惜售，他们期待拉尼娜天气将推高大豆价格以获取更多收益。美国以 2 953 万 t 的进口量位居第二，较前一年下降了 10%。这一变化的主要原因是密西西比河流域的干旱天气导致运河水位下降，影响了大豆的运输和出口。此外，美国国内加工和压榨需求旺盛，导致部分原计划出口的大豆转为满足国内需求。此外，根据海关总署的数据，2022年我国从阿根廷进口的大豆数量为 365 万 t，与 2021 年基本持平，占总进口量的 4.01%。另外，来自乌拉圭的大豆进口量排名第四，增加了 92.4 万 t，增长了 106.7%。其余约 1.88% 的大豆进口量主要来自俄罗斯、加拿大、乌克兰、埃塞俄比亚和坦桑尼亚等国家。综上所述，受到多种因素影响，2022 年中国大豆进口量下降。其中，来自巴西和美国的进口量下滑，而来自乌拉圭的进口量有所增加。此外，全球大豆价格上涨和南美大豆供应紧缺也对我国大豆进口产生了影响（表 4 - 4）。相比大豆进口量，我国大豆出口量微小（表 4 - 5）。

表 4 - 4 2009—2022 年我国大豆进口情况

年份	总量		金额		平均价格
	进口量（万 t）	增长率（%）	进口金额（万美元）	增长率（%）	（美元/kg）
2009	4 255	12	1 878 453	−13	0.44
2010	5 480	29	2 509 347	34	0.46
2011	5 263	−4	2 982 909	19	0.57
2012	5 838	11	3 492 747	17	0.60
2013	6 340	9	3 803 398	9	0.60
2014	7 140	13	4 032 941	6	0.56

（续）

年份	总量		金额		平均价格
	进口量（万 t）	增长率（%）	进口金额（万美元）	增长率（%）	（美元/kg）
2015	8 174	14	3 494 214	−13	0.43
2016	8 323	2	3 401 803	−3	0.41
2017	9 553	14	3 963 765	17	0.41
2018	8 812	−8	3 810 560	−4	0.43
2019	8 851	0.5	3 533 687	−7	0.40
2020	10 032	13	3 955 520	12	0.39
2021	9 647	−4	5 352 538	35	0.55
2022	9 108	−6	6 125 000	14	0.67

数据来源：海关总署。

表 4－5　2009—2022 年我国大豆出口情况

年份	总量		金额		平均价格
	出口量（万 t）	增长率（%）	出口金额（万美元）	增长率（%）	（美元/kg）
2009	34.65	−26	23 708	−32	0.68
2010	16.36	−53	11 825	−50	0.72
2011	14.60	−11	11 024	−7	0.76
2012	32.02	119	27 924	153	0.87
2013	20.89	−35	20 185	−28	0.60
2014	20.71	−1	19 918	−1	0.96
2015	13.36	−35	12 551	−37	0.94
2016	12.72	−5	10 848	−14	0.85
2017	11.00	−12	9 116	−16	0.82

（续）

年份	总量		金额		平均价格
	出口量（万 t）	增长率（%）	出口金额（万美元）	增长率（%）	（美元/kg）
2018	13.28	21	9 897	9	0.74
2019	11.06	−14.5	9 227	−8	0.84
2020	7.91	−28	7 111	−23	0.90
2021	7.53	−5	8 719	22	1.16
2022	12.12	61	14 209	63	1.17

数据来源：海关总署。

第五章

生猪屠宰行业情况

第一节　我国生猪屠宰行业的概况

近年来，我国生猪屠宰行业经历了波澜壮阔的变革与深刻的发展。作为肉类供应链的关键环节，生猪屠宰行业的规范化、集中化水平对于保障食品安全、提升产业效率具有重要意义。为了加强对屠宰及肉类加工企业的监管，我国政府推出了一系列法规和政策，如《生猪屠宰管理条例》和《全国生猪屠宰行业规划纲要》，旨在引领行业朝着规模化、标准化和专业化的道路迈进。

在这一政策导向下，生猪屠宰加工行业逐渐步入了规范化、集中化的新纪元。定点屠宰政策得到了大力推广，成了行业发展的主基调。政府对技术设施标准、卫生防疫标准和环保要求的强制性规定，让个体屠宰户和小型屠宰场逐渐退出了历史舞台，为规模化、专业化的屠宰企业腾出了更大的发展空间。

尤其是在非洲猪瘟疫情暴发后，国家采取了一系列严格的措施来规范屠宰行业，进一步推动了行业的转型升级。这些措施不仅有效遏制了疫情的传播，还促进了屠宰行业的整合与升级，为行业的长期发展奠定了坚实基础。

尽管目前我国屠宰行业的集中度仍然相对较低,但近十年来定点屠宰的占比已经显著提升到超过 40%。自 2018 年非洲猪瘟疫情暴发以来,由于生猪产能大幅下降,同时政府加大了对私屠滥宰的打击力度,大量小规模屠宰企业被关闭或整合,定点屠宰率得到了显著提升。

随着生猪产能的逐步恢复以及定点屠宰率的提升,2022 年全国规模以上生猪定点屠宰企业的屠宰量达到了令人瞩目的 28 538 万头。这一数字不仅体现了我国生猪屠宰行业的强大实力,也彰显了行业在保障食品安全、满足市场需求方面的积极贡献。同期,全国生猪出栏量为 69 995 万头,规模以上生猪定点屠宰企业的屠宰率达到了 41%,充分展示了行业在转型升级过程中的稳健步伐。

在我国政府的主导下,生猪屠宰行业正迎来前所未有的发展机遇。通过出台法规和政策,引导行业向规模化、标准化和专业化方向转型,不仅满足了消费者对高质量生活的需求,也促进了行业的健康可持续发展。同时,政府也在积极打击私屠滥宰行为,规范屠宰行业秩序,保障食品安全(图 5-1)。

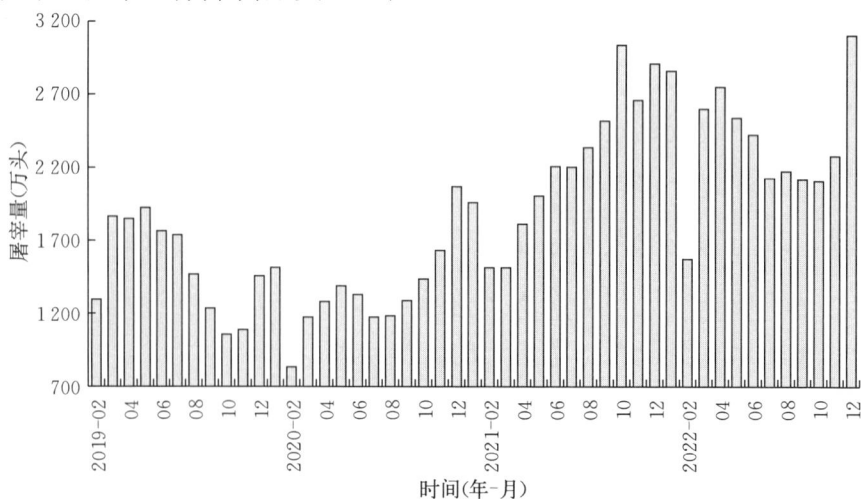

图 5-1　2019 年 2 月至 2022 年 12 月全国规模以上生猪定点屠宰企业屠宰量

数据来源:农业农村部。

根据 2016 年的数据，我国规模以上生猪定点屠宰企业的数量为 2 907 家。但是，到了 2021 年，这一数字大幅增至 5 907 家，增幅显著。2016 年，拥有 200 家以上规模的生猪定点屠宰企业的省（自治区、直辖市）仅限于山东、广东和四川。然而，现在云南、湖北、河南、辽宁、江西和吉林也加入了这一行列。值得注意的是，这些省（自治区、直辖市）的增长速度与它们的生猪产能增长速度密切相关。

近年来，西南地区的四川、云南和重庆的生猪产能增长迅速，成为全国增长最快的地区之一。同样，东北地区的辽宁省和吉林省也表现出强劲的增长势头。令人瞩目的是，四川省的规模以上定点生猪屠宰企业数量已超过 1 000 家，位居全国首位，占全国总数的比重高达 17.8%。这一显著增长凸显了四川省在生猪产业中的重要地位（图 5-2）。

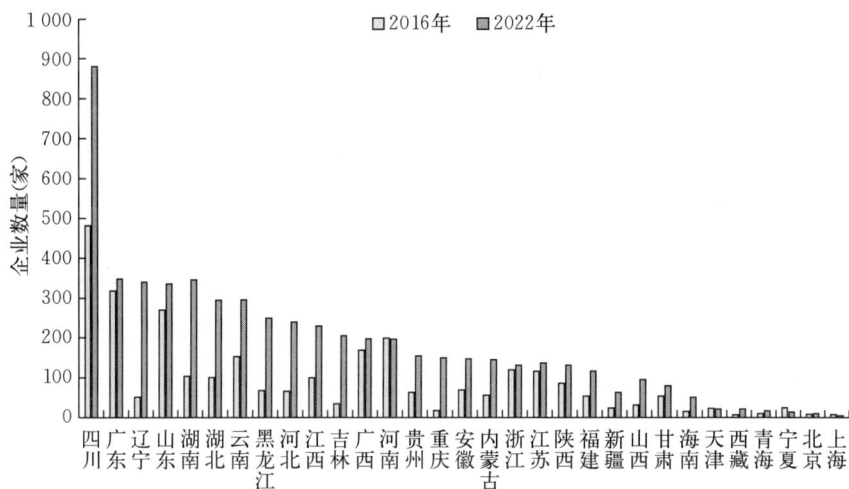

图 5-2　2016 年和 2022 年各地区规模以上生猪定点屠宰企业的数量

数据来源：农业农村部。

总体而言，我国生猪定点屠宰企业的数量呈现出显著增长趋势，不少省（自治区、直辖市）加入这一行列，而四川省的表现尤为突出。这一趋势与我国生猪产能的增长趋势相吻合，反映出我国生猪产业的快速发展和不断变化的行业格局。

第二节　发展趋势与建议

一、发展现状

（一）规模化发展

我国生猪屠宰行业正经历着由传统作坊式向现代化规模化转变的过程。目前，全国年产值超过 10 亿元的生猪屠宰企业数量不断增加，大型连锁企业逐渐崛起，行业集中度不断提升。

（二）质量安全意识提升

在食品安全备受关注的大背景下，生猪屠宰企业对于质量安全的重视程度不断提高。越来越多的企业引入了先进的生产管理系统，实现了从源头到餐桌的全过程质量控制。

（三）技术创新

为了提高生产效率和产品质量，生猪屠宰企业不断加大科技投入，引进先进的屠宰设备、加工技术和物流配送体系。例如，一些企业开始尝试应用机器人技术，实现自动化生产线。

（四）产业链整合

生猪屠宰企业逐渐向产业链上下游延伸，形成养殖、屠宰、加工、销售一体化经营模式。这不仅降低了成本，还提高了抗风险能力，有利于行业的可持续发展。

（五）环保压力逐渐增大

随着国家对环境保护要求的不断提高，生猪屠宰企业面临着越来越大的环保压力。为了降低生产过程中的污染排放，企业纷纷引入环保设施和技术，努力实现绿色生产。

二、面临的问题与挑战

(一) 行业整合程度低

尽管我国生猪屠宰行业正在向规模化发展，但相比发达国家，行业整合程度仍较低。这意味着还有不少中小企业仍处于作坊式生产阶段，缺乏竞争力。

(二) 质量监管体系待完善

尽管质量安全意识不断提高，但我国生猪屠宰行业的质量监管体系仍需进一步完善。部分企业仍存在质量标准不统一、检测手段不完善等问题，影响了产品质量和市场竞争力。

(三) 技术创新能力不足

尽管一些企业开始尝试技术创新，但在整体上，我国生猪屠宰行业的技术创新能力仍有待提高。与发达国家相比，我们在设备研发、生产工艺等方面的差距仍然较大。

(四) 环保压力加大

随着环保政策的收紧，生猪屠宰企业面临的环保压力不断增大。一些企业在环保设施和技术投入方面的不足，可能会影响企业的可持续发展，甚至面临严重的环保法律风险。

三、发展趋势与展望

(一) 行业整合加速

预计未来我国生猪屠宰行业将继续加快整合步伐，大型企业将通过兼并收购、品牌建设等方式迅速扩张，中小企业将面临更大的生存压力。

（二）质量监管体系将进一步完善

政府将继续加大对生猪屠宰行业的监管力度，推动行业建立健全质量安全管理体系，促进产品质量和市场竞争力提升。

（三）技术创新成为竞争焦点

在技术日新月异的今天，生猪屠宰行业的科技创新将成为竞争的焦点。未来，拥有先进技术和创新能力的企业将在竞争中占据优势。

（四）绿色生产成为行业发展趋势

随着环保意识的提高，生猪屠宰行业将更加注重绿色生产，减少污染排放和资源浪费。企业应加大环保设施和技术投入，实现可持续发展。

四、政策建议

（一）鼓励行业整合

政府应加大对生猪屠宰行业的整合力度，推动企业兼并收购，培育大型企业。这将有利于提高行业集中度，稳定市场价格，提升消费者利益。

（二）完善环保政策体系

政府应继续加大对生猪屠宰行业的环保政策投入，完善相关法规和技术标准。这有助于企业降低环保成本，实现可持续发展。

（三）培训高级技术人才

政府应加大对生猪屠宰行业技术人员的培训力度，提高行业整体技术水平。这有助于企业提高生产效率，降低生产成本。

(四) 优化产品结构

企业应加大产品研发力度，开发满足不同消费需求的高品质产品。通过技术创新，提高产品附加值，增强市场竞争力。

第六章

猪肉消费状况

第一节　猪肉消费在肉类食品消费中的地位

自古以来，牛、羊肉在人们心中一直占据着尊贵的地位，被视为珍稀且高贵的肉类，通常只有社会地位崇高或财富丰厚的人士才能品尝。相对而言，猪肉则更像是平民的美食，它深入百姓家，常常出现在日常待客的餐桌上。这样的文化传统观念，在历史的长河中，对人们的肉类消费习惯产生了深刻的影响。

不仅如此，猪肉因其丰富的营养价值而广受欢迎。与牛、羊肉相比，猪肉含有更为丰富的蛋白质和脂肪，为人体提供了大量的热量。在那些物质条件有限、食物资源紧张的年代，猪肉无疑成为人们获取能量和营养的重要来源。它不仅能迅速补充体力，还有助于身体对多种维生素和矿物质的吸收与代谢。因此，从纯营养的角度出发，猪肉也是普通百姓补充日常所需营养的首选肉类。

根据国家统计局数据显示，我国肉类消费量中，猪肉稳居榜首，紧随其后的是牛肉、禽肉如鸡、鸭、鹅等，再者是羊肉和鱼肉。每年的消费榜单上，猪肉都高居不下，成为中国人餐桌上不可或缺的美食，如红烧肉等家常菜、饺子馅、包子馅等，猪肉以其鲜美的口感和亲民的价格，赢得了广大消费者的喜爱。

从全球的消费历史来看，猪肉在全球肉类消费中也占据着举足轻重的地位。自20世纪50年代开始，随着全球经济的复苏和人们生活水平的提高，猪肉的消费量逐渐攀升。特别是进入21世纪后，其增长趋势更为明显。据美国农业部（USDA）的详尽统计，2022年全球的猪肉总消费量高达1.13亿t，而中国作为世界上最大的猪肉消费国，其消费量占到了全球总量的半数以上，达到了惊人的50.72%。

在我国，猪肉早已成为了肉类产品的主导。随着我国人口的持续增长、居民收入的稳步提高以及城镇化的不断推进，人们对动物蛋白，尤其是猪肉的需求日益旺盛。这预示着我国猪肉消费市场将继续保持庞大的规模，且行业未来的发展前景一片光明。

对世界主要地区的肉类食品人均消费量进行深入分析发现，在中国，猪肉因其传统饮食文化和亲民价格成为消费量最大的肉类；相比之下，美国的肉类消费量整体较高，尤其是牛肉和猪肉，这与美国人的饮食习惯和美国发达的畜牧业息息相关（图6-1）。从全球范围来看，猪肉和牛肉是消费量居前的肉类，而非洲地区羊肉消

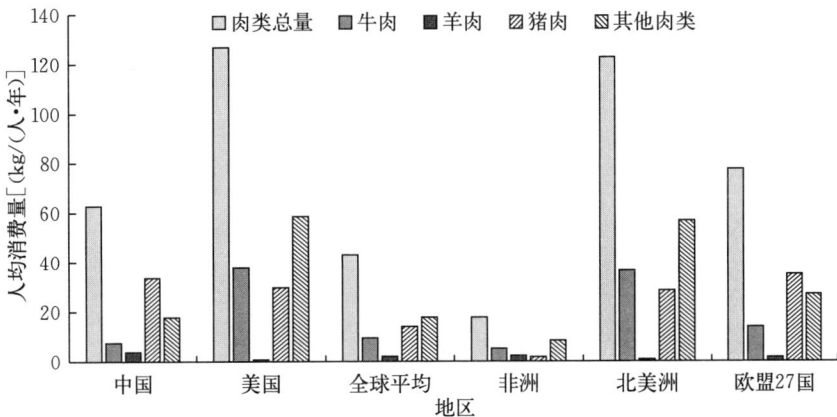

图6-1　世界主要地区肉类食品人均消费量

数据来源：联合国粮食和农业组织统计数据库（FAOSTAT）。

费量相对较高，这可能与当地的经济和地理环境有关。北美洲地区的肉类消费结构与美国类似，而欧盟 27 国中，猪肉的消费量领先，其次是牛肉。总体而言，尽管世界各地的肉类消费结构存在差异，但猪肉和牛肉在全球范围内仍占据主导地位，且随着全球经济发展和生活水平提升，肉类消费量及其结构可能会持续发生变化，这对食品安全、营养健康和环境保护等议题具有重要影响。

在欧盟等发达国家或地区中，猪肉消费的增长速度已显现出放缓的趋势。根据 2022 年美国农业部的最新数据，美国的猪肉消费量为 995.7 万 t，相较于 2021 年的数据，呈现出微降的态势。然而，在发展中国家和地区，猪肉消费仍然蕴藏着巨大的增长潜能。FAO 提供的 2022 年统计数据显示，非洲的猪肉消费量占总肉类消费量的比例为 9.28%，而亚洲地区这一比例则高达 72.72%。这明显表明，发展中国家的猪肉市场具有广阔的前景，未来有望迎来显著增长（图 6-2）。

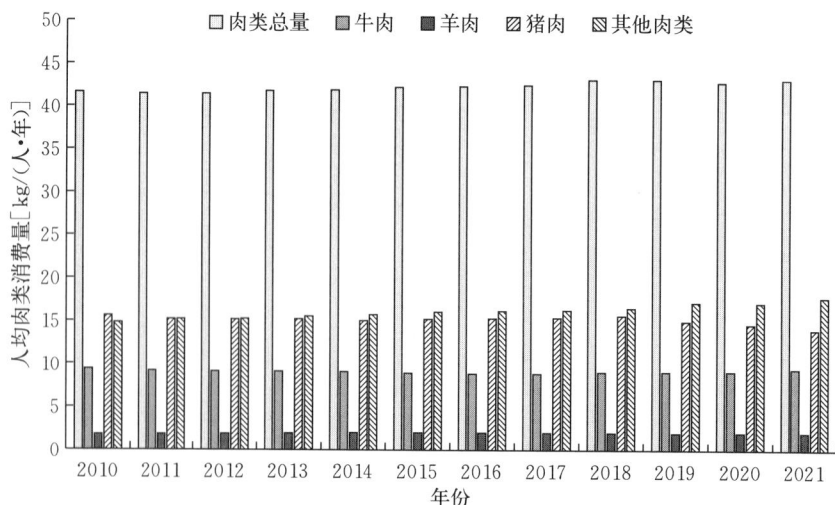

图 6-2　2010—2021 年全球人均肉类食品消费变化情况

数据来源：FAOSTAT。

在中国，猪肉是日常餐桌上不可或缺的肉类食品，为民众提供了必要的脂肪和蛋白质。根据国家统计局 2022 年的数据，中国猪肉的人均消费量为 35.34 kg/年，而总肉类消费量则达到 61.27 kg/年。相较之下，美国猪肉的人均消费量为 30.64 kg/年，其总肉类消费量却高达 128.63 kg/年。从全球视角来看，猪肉的人均消费量为 14.62 kg/年，而总肉类消费量平均为 42.76 kg/年。

这些数据显示，各国在肉类食品的消费上存在显著差异。以美国为例，它是全球牛肉消费量最高的国家，达到了全球平均水平的三倍以上。在欧洲，牛肉和猪肉的消费都维持在较高水平。与欧美地区相比，中国的总肉类食品消费量虽然还有一定差距，但在亚洲范围内，中国的人均猪肉消费量已经与美国和欧洲国家相当。而非洲在肉类食品上的总消费量仍然较低，年人均消费量仅为 16.70 kg。

在全球范围内，从 2010—2021 年，人均肉类消费显现出一种稳定的上升趋势。具体来看，2019 年的人均肉类消费总量为 41.62 kg，而到了 2021 年，这一数字已经攀升至 43.12 kg。然而，有趣的是，尽管整体肉类消费量在上升，但猪肉和牛肉的人均消费量却呈现出下降的态势。

详细来说，猪肉的人均消费量从 2010 年的 15.61 kg 逐年递减，到了 2021 年已经降至 13.98 kg。同样，牛肉的人均消费量也从 2010 年的 9.39 kg 逐年下降至 2020 年的 9.09 kg（2021 年回升到 9.41 kg）。这种变化可能并非偶然，而是与消费者对肉类食品需求和偏好的转变密切相关。

一方面，虽然猪肉和牛肉的人均消费量有所下降，但可以注意到其他肉类的消费量却在显著增长。这一现象或许表明，消费者正在积极调整自己的饮食习惯，倾向于选择那些他们认为更健康、更有机以及更环保的食品。这种转变不仅体现在肉类的选择上，还可能涉及烹饪方式和食材搭配等多个方面。

另一方面，这种消费趋势的变化也在无形中推动了可持续畜牧业的发展。随着消费者对健康肉类食品的需求日益增长，畜牧业也必须适应这一变化，提供更加符合市场需求的产品。这不仅有助于满足消费者的需求，还能推动整个行业的创新和进步。

第二节　各地区猪肉消费量及城乡差异

根据最新数据显示（图 6 - 3），2022 年我国城镇居民家庭年人均猪肉消费量为 26.0 kg。重庆的城镇居民家庭人均猪肉消费量最高，达到了 45.5 kg，其次是四川，为 36.1 kg，江西、湖南以 33.7 kg 紧随其后。这些地区的人们猪肉消费量相对较高，可以看出猪肉在这些地区的重要地位。

相比之下，新疆、宁夏和青海的城镇居民家庭人均猪肉消费量偏低，分别为 8.5 kg、9.8 kg 以及 13.1 kg。由于饮食文化与生活水平的差异，这些地区的猪肉消费量相对较低。

重庆市的猪肉消费量最高，这可能与该地区较高的经济发展水平和居民收入水平有关。此外，猪肉在居民的饮食中扮演着重要的角色，因此，即使猪肉价格较高，人们仍会维持一定的猪肉消费。

然而，在其他地区，猪肉消费量相对较低。这可能与这些地区的饮食习惯、文化以及经济发展水平有关。不过，这些地区的猪肉消费量较低，并不意味着这些地区的人们不食用猪肉。在所有地区中，人们仍然需要猪肉来补充身体所需的营养。

猪肉作为中国传统的主要肉类食品，其消费量在不同地区呈现出差异性。为了深入了解各地区城镇居民家庭人均猪肉消费量的具

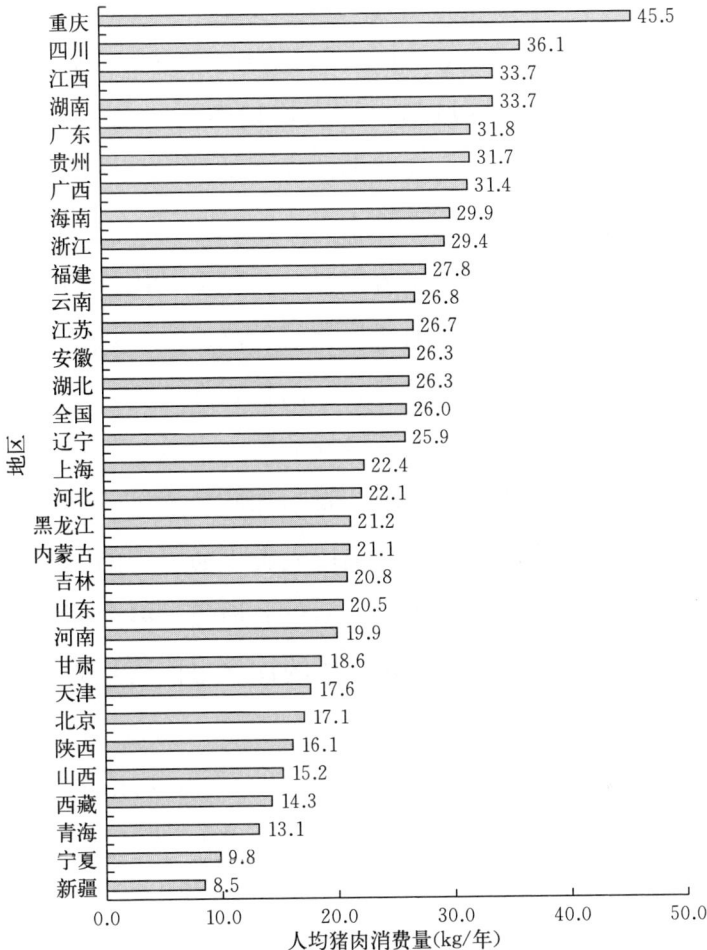

图 6-3 2022 年各地区城镇居民家庭人均猪肉消费量

数据来源：中国统计年鉴 2023 年。

体情况，本报告对 2022 年的相关数据进行了详细分析。这些数据不仅反映了地区间的消费习惯差异，也为相关产业和政策制定提供了重要参考。

从地域分布来看，消费量较高的地区主要集中在东部沿海和西南地区，如广东、四川、重庆等地。这些地区经济相对发达，居民生活水平较高，对猪肉的需求量也相应较大。而消费量较低的地区则主要分布在西北地区，如新疆、西藏等地，这些地区的居民可能由于宗教信仰、饮食习惯等原因，对猪肉的消费量相对较低。

值得注意的是，全国城镇平均人均猪肉消费量为 26.0 kg，与湖北地区的消费量持平。这表明湖北地区的猪肉消费水平具有一定的代表性，能够反映全国的平均水平。

地区间猪肉消费量存在显著差异，受到多种因素的影响。经济发达和人口密集的地区猪肉消费量相对较高。全国城镇平均人均猪肉消费量与湖北地区相当，具有一定的代表性。

红肉类是我国居民膳食中不可或缺的一部分，包括猪肉、牛肉和羊肉，它们含有丰富的蛋白质、脂肪和矿物质等营养成分，能够为人体提供大量能量，同时也是维持人类生命所需的肌红蛋白含量较高的食物。猪肉在饮食结构中占据重要地位，因为拥有丰富的烹饪方式，口感佳，并且几千年来形成的饮食习惯使其成为人们日常饮食中的重要组成部分。

根据国家统计局数据（图 6-4），2022 年人均猪肉消费量占总的猪、牛、羊等肉类消费量的比重超过 80% 的地区有贵州、广西、湖南、重庆、海南、四川、江西。分别占比为 86%、85%、84%、83%、82%、82%、82%。其中贵州的比重最高，达到 86%。

然而，与此同时，城镇居民人均猪肉消费量较低的省（自治区、直辖市），猪肉消费量占总的猪、牛、羊肉消费量的比重也较低。数据显示，我国城镇居民猪肉消费占总的猪、牛、羊肉消费量的比重最低的省（自治区、直辖市）是青海、宁夏、新疆和西藏，分别占比 46%、43%、30%、28%。此外，西藏是我国城镇地区人均猪肉消费量最低的城市。

猪肉在城镇居民日常饮食中的地位日益凸显。尽管一些地区，如西藏和新疆，猪肉消费量占总消费量的比重仍然较低，但随着人

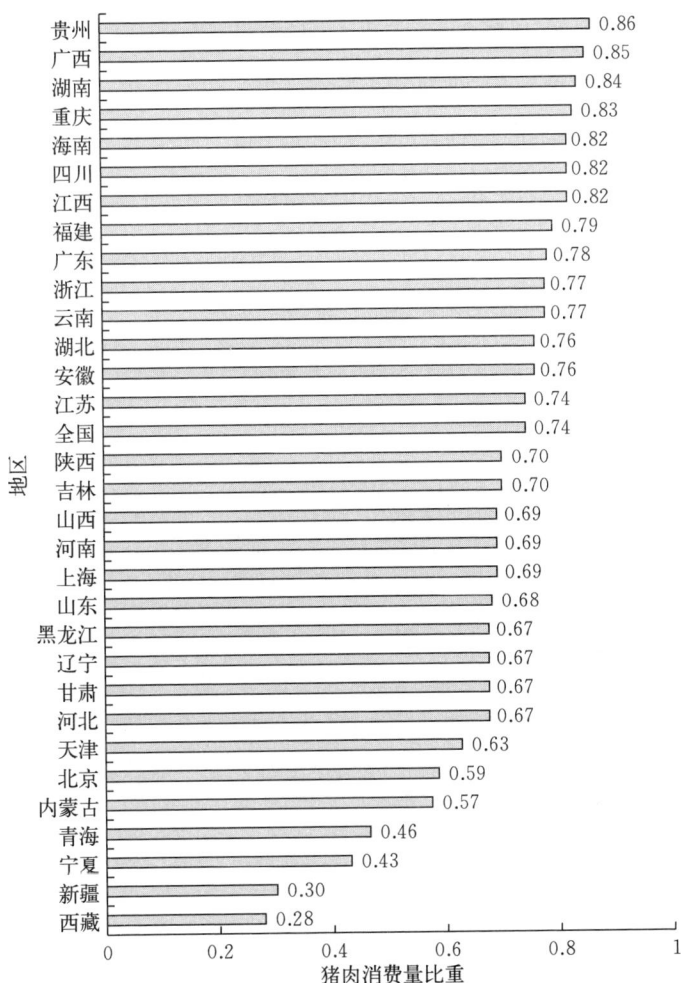

图 6-4　2022 年各地区城镇居民家庭猪肉消费量占猪、牛、羊等

肉类总消费量的比重

数据来源：中国统计年鉴。

们生活水平的提高和猪肉市场的逐步发展，这一比重将逐步提高。未来，猪肉消费将继续增长，成为我国膳食结构的重要组成部分。同时，消费者也需要关注猪肉的质量和安全问题，选择新鲜、健康的肉类食品。

2022 年，我国农村居民家庭年人均猪肉消费量达到了 28.1 kg。

与此同时，四个省的农村居民人均消费量最高，它们分别是重庆、四川、广东和云南，分别为 46.3 kg、40.4 kg、40.1 kg 和 38.5 kg。宁夏、西藏和新疆的农村居民人均猪肉消费量相对较低，分别为7.2 kg、3.9 kg 和 1.7 kg。这一数据表明，猪肉在我国农村地区仍然扮演着重要角色，然而不同地区之间的消费水平存在一定差距（图 6-5）。

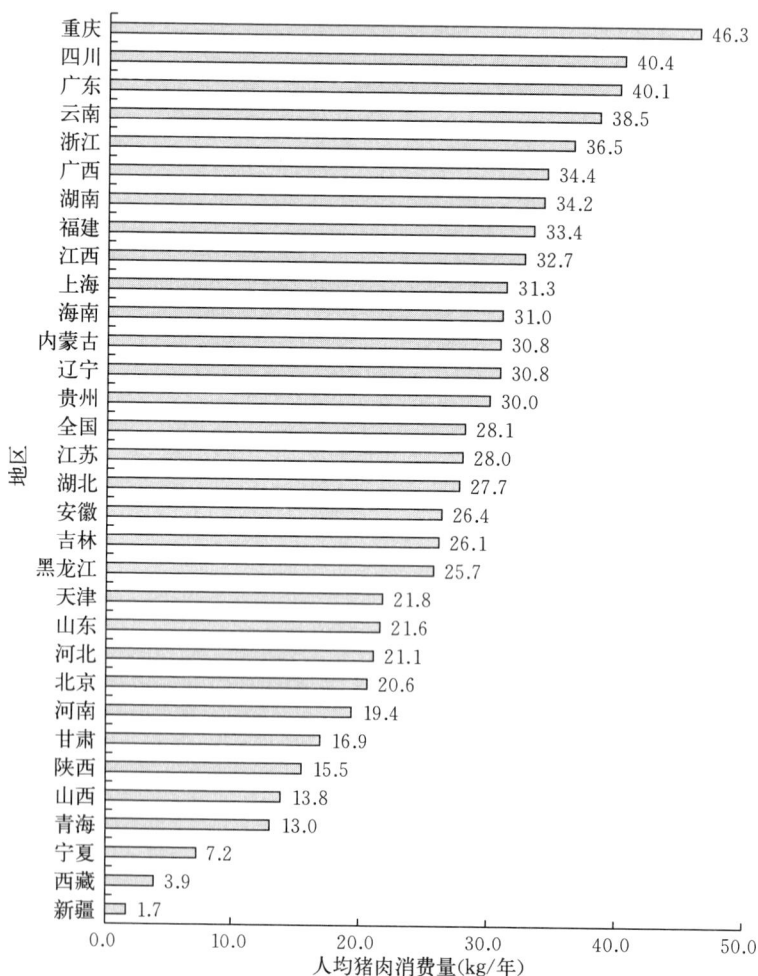

图 6-5　2022 年各地区农村居民家庭人均猪肉消费量

数据来源：中国统计年鉴 2023。

　　猪肉消费量在不同省（自治区、直辖市）之间的差异，很大程度上是由于地理环境、经济发展水平、人口结构和地域文化等因素的影响。如重庆、四川、云南和广东等地，由于地理位置优越，气候温暖湿润，农村居民生活水平较高，人均猪肉消费量也相应较高。而宁夏、西藏和新疆等地，地理位置偏远，气候寒冷，农村居民生活水平相对较低，人均猪肉消费量也较低。

　　此外，人口结构和地域文化也是导致猪肉消费量差异的原因之一。在一些地区，如重庆、四川等地，人们对于猪肉的消费习惯较为普遍，因此农村居民人均猪肉消费量较高。而在另一些地区，如宁夏、西藏等地，人们对于猪肉的消费观念相对较低，农村居民人均猪肉消费量也较低。

　　根据 2022 年数据（图 6-6），农村地区居民猪肉消费占总的猪、牛、羊肉消费量的比重最高的省分别是贵州、云南和重庆，占比分别是 95％、93％和 93％。而农村地区居民猪肉消费占总的猪、牛、羊肉消费量的比重最低的省（自治区）分别是宁夏、西藏和新疆，分别占比 35％、12％和 7％。与城镇地区相比，农村地区居民的猪肉消费占总的猪、牛、羊肉消费量的比重存在两极分化的趋势。

　　具体来说，城镇地区居民的猪肉消费占总的猪、牛、羊肉消费量的比重最高的省（自治区）贵州省的比重为 86％。而农村地区居民的猪肉消费占总的猪、牛、羊肉消费量的比重超过 90％以上的省（自治区）有 7 个，分别是贵州、云南、重庆、广西、四川、湖南和海南。与此同时，无论是城镇居民还是农村居民家庭猪肉消费量占猪、牛、羊肉总消费量的比重最低的省（自治区）均是宁夏、西藏和新疆。

　　虽然从我国整体来讲，城镇居民的人均猪肉消费量略高于农村

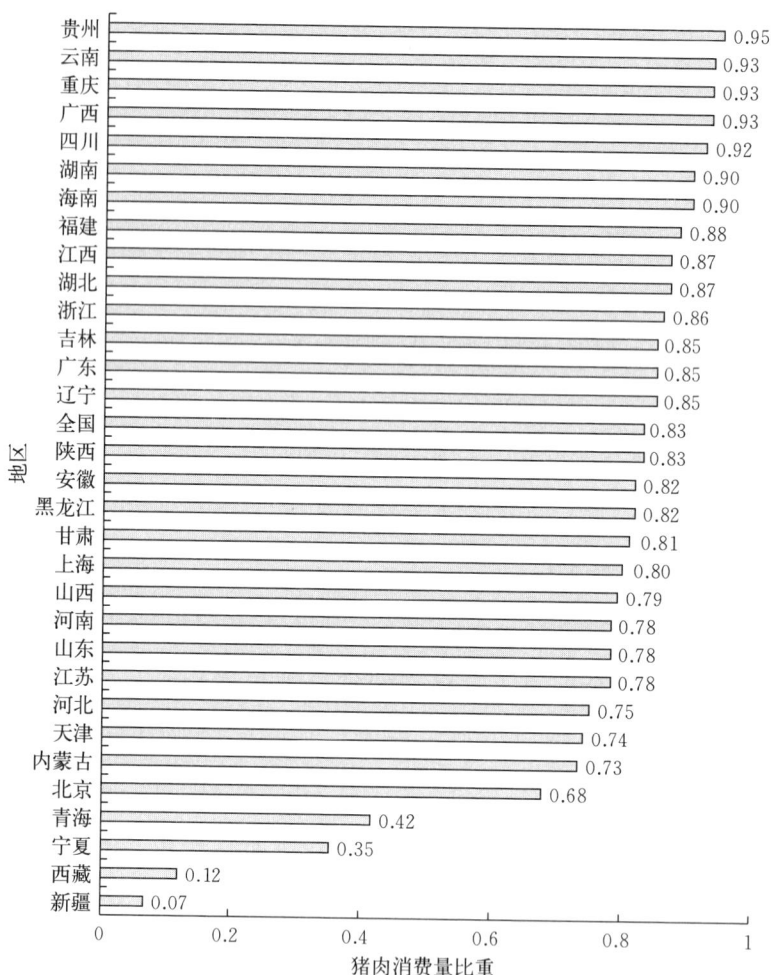

图 6-6　2022 年各地区农村居民家庭猪肉消费量占猪、牛、羊的
肉类总消费量的比重

数据来源：中国统计年鉴 2023 年。

居民，但是各个省（自治区、直辖市）的城镇居民与农村居民之间的人均猪肉消费量的差异情况却有着很大的不同。此外，猪肉价格的波动也会对居民的猪肉消费产生影响。因此，未来在发展猪肉消费时，应关注不同地区和不同群体的人均猪肉消费量，促进猪肉消费的健康发展。

图 6-7 显示，与往年不同的是，2022 年我国城镇居民猪肉消费量普遍低于农村居民。西藏、新疆和宁夏城镇居民猪肉消费量较高，分别为 10.3 kg、6.8 kg 和 2.6 kg。相对而言，农村居民猪肉消费量明显高于城镇居民的地区主要集中在云南、内蒙古和上海等

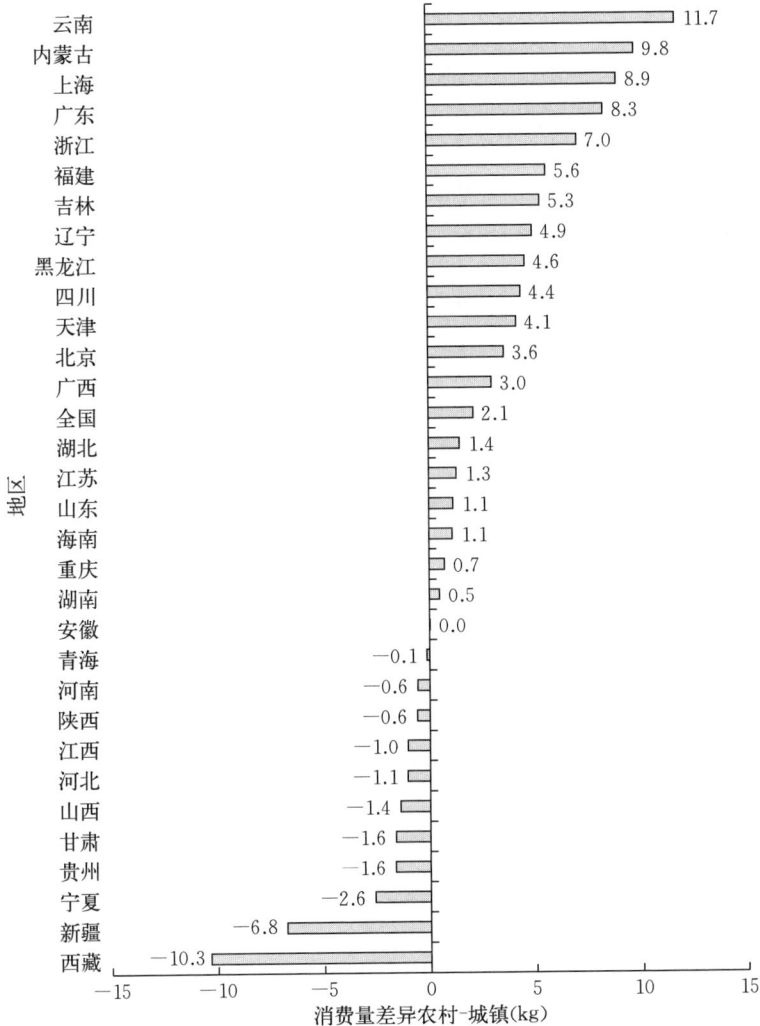

图 6-7　2022 年各地区城市居民与农村居民家庭人均猪肉消费量的差异

数据来源：中国统计年鉴 2023。

地区，分别是 11.7 kg、9.8 kg 和 8.9 kg。此外，广东和浙江地区城镇居民与农村居民人均猪肉消费量的差异也较大，分别为 8.3 kg 和 7.0 kg。

总体来看，2022 年我国城镇居民猪肉消费量高于农村居民的地区主要集中在西藏、贵州、新疆、安徽、江西等地，而农村居民猪肉消费量高于城镇居民的地区则主要集中在内蒙古、云南和上海等地区。

从猪肉消费量的变化趋势来看（图 6-8），自 1985 年以来，我国城镇地区和农村地区人均猪肉消费量之间的差距逐渐缩小，且农村居民猪肉消费量的净增长速度要快于城镇居民。2018 年，城镇地区人均猪肉消费量为 22.74 kg，农村地区为 22.96 kg，农村居民的平均猪肉消费量已经超越城市居民。这主要是由于近些年农村猪肉消费增长速度略快于城镇。

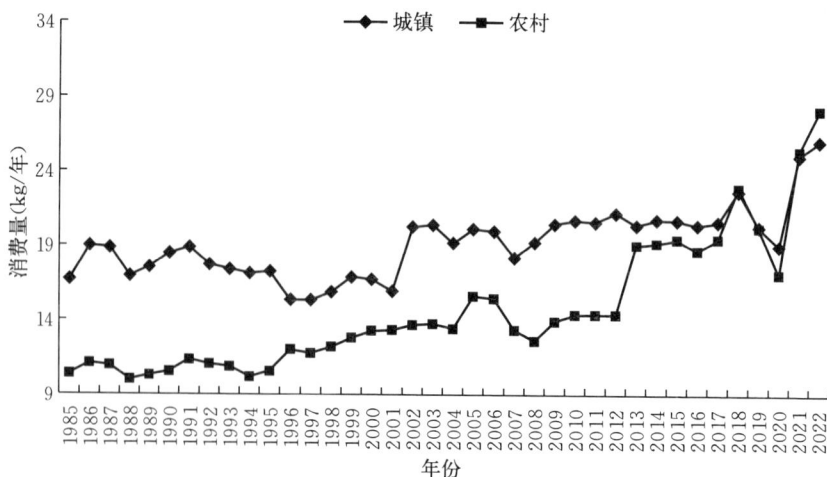

图 6-8　1985—2022 年城镇及农村居民家庭人均猪肉消费量的变迁
数据来源：历年中国统计年鉴。

值得注意的是，2022 年城镇居民与农村居民人均猪肉消费量，从 1985 年以来，农村消费量首次显著超过城镇消费量。在北京、上海、浙江、广东等经济发达的地区，农村居民的猪肉消费量已经高于城镇居民。这表明农村猪肉消费市场的前景非常乐观，随着我国经济的持续稳定健康发展，农村居民的收入水平也在不断提高，农村猪肉消费市场的前景一片光明。随着我国经济的持续稳定健康发展，农村居民的收入水平也在不断提高，农村猪肉消费市场的前景将更加乐观。

第三节　猪肉消费在肉、蛋、水产品中的份额变化

我们分别对城镇居民和农村居民的肉类食品消费结构进行了分析，并统一考虑了猪肉、牛肉、羊肉、禽肉、蛋及其制品以及水产品的消费量。在城镇居民和农村居民的肉食品消费结构分析中，我们加入了家禽和水产品的消费量这一部分。

总的来说，肉类食品消费结构因地域、生活方式和饮食习惯的差异而有所不同。在城镇和农村地区，各种肉类食品在居民肉类食品消费结构中的比重有显著差异。通过统一考虑猪肉、牛肉、羊肉、家禽、蛋及制品以及水产品的消费量，我们能够更好地了解不同地区居民肉类食品消费的特点。

根据图 6-9 和图 6-10，我们可以得出结论：在城镇居民和农村居民的肉类食品消费结构中，猪肉消费占据较大比重，且农村居民的猪肉消费比重高于城镇居民。2022 年，城镇居民猪肉消费占总肉类食品消费量的比重为 35.83％，而农村居民的这一比重为 42.46％。这一现象可以从多个角度解释。首先，农村地区相对于

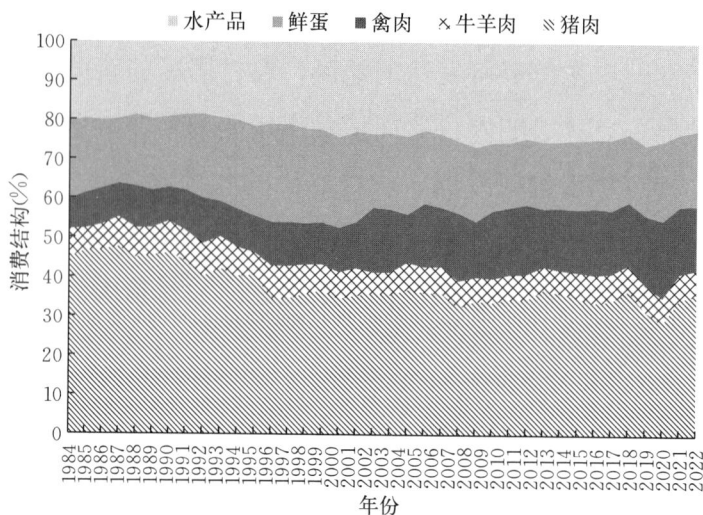

图 6-9　1984—2022 年城镇居民家庭肉、蛋、水产品消费结构

数据来源：历年中国统计年鉴。

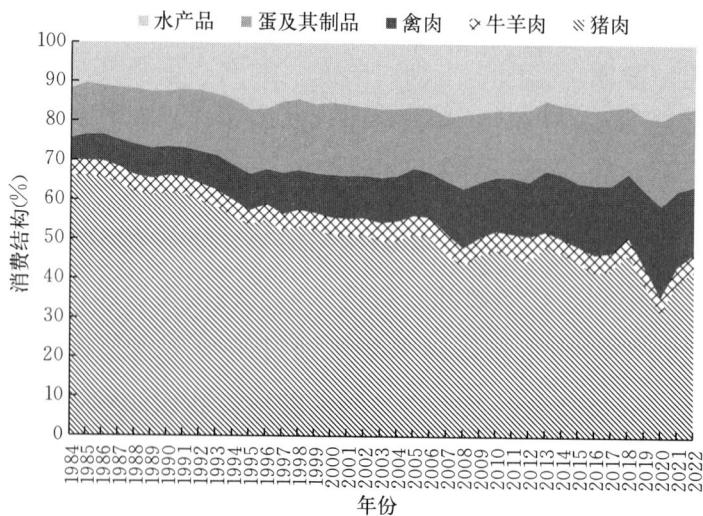

图 6-10　1984—2022 年农村居民家庭肉、蛋、水产品消费结构

数据来源：历年中国统计年鉴。

城镇地区具有更高的农业生产和养殖水平，因此农村地区猪肉的供应量相对充足，价格相对较低。其次，农村地区的居民收入水平相

对较低，因此在肉类食品消费上更加注重性价比，而猪肉作为一种
经济实惠的肉类食品，成为他们的首选。其次，城镇居民的收入水
平相对较高，更加注重肉类食品的质量和口感，因此对于猪肉等低
质量、高胆固醇的肉类食品，他们的消费意愿相对较低。

自改革开放以来，无论是城镇居民还是农村居民，猪肉的消费
比重都呈现逐年下降的趋势。这一趋势在城镇居民和农村居民之间
存在差异，农村居民的猪肉消费比重的下降趋势比城镇居民的猪肉
消费比重的下降趋势更加明显。

如图 6-11、图 6-12 所示，1984 年，城镇居民的猪肉消费比
重为 45%。而到 2020 年，该比重下降至 29%。农村居民的猪肉消
费比重也出现了下降，从 1984 年的 66% 下降到 2020 年的 32%。
在这一过程中，城镇居民和农村居民的家禽消费比重都有着明显的
上升趋势。

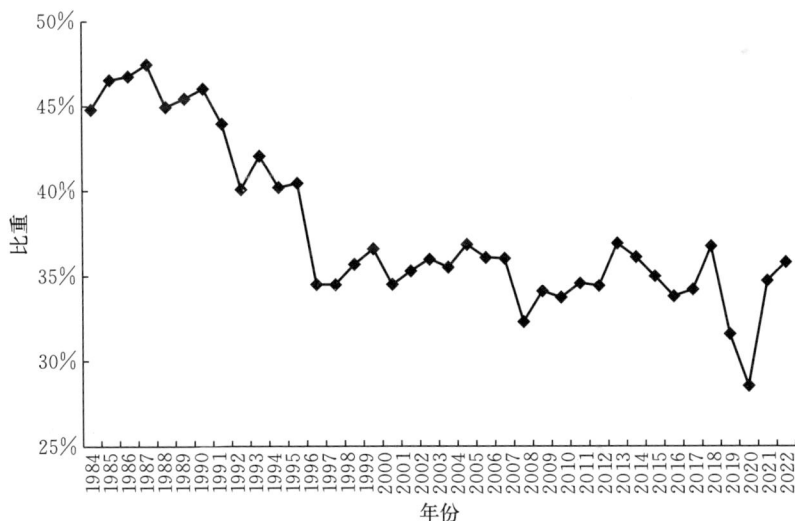

图 6-11　1984—2022 年城镇居民家庭猪肉在肉、蛋、水产品中的
　　　　　消费比重

数据来源：历年中国统计年鉴。

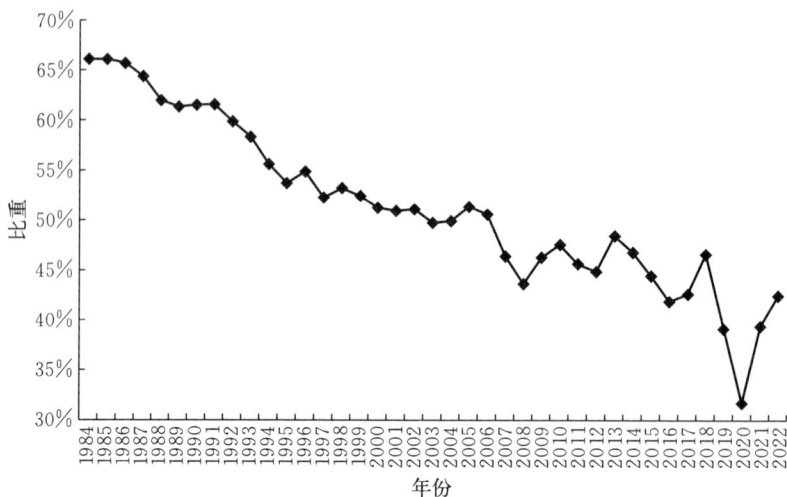

图 6 - 12　1984—2022 年农村居民家庭猪肉在肉、蛋、水产品中的消费比重

数据来源：历年中国统计年鉴。

2020 年，城镇居民的家禽消费比重从 1984 年的 8％上升到 2020 年的 19％，而农村居民的家禽消费比重从 1984 年的 6％上升到 2020 年的 23％。与此同时，蛋及制品的消费比重在农村居民中呈现震荡上升的趋势，而城镇居民的蛋及制品消费比重则基本持平。

2021 年，受非洲猪瘟疫情影响，猪肉价格上涨，导致 2021 年猪肉消费占比显著上升。然而，随着生猪供给的恢复和价格的下滑，2021 年的猪肉消费占比有所下降。农村居民的猪肉消费比重仍呈现震荡上升的趋势，而城镇居民和农村居民的家禽消费比重则呈现基本持平的状态。

综上所述，猪肉消费比重自 1984 年以来呈现逐年下降的趋势，但农村居民的下降趋势比城镇居民更加明显。与此同时，城镇居民和农村居民的家禽消费比重都有着明显的上升趋势。

猪肉消费在肉类食品消费中的比重受到市场价格的影响较大。2020年，非洲猪瘟疫情导致国内生猪产能下滑，猪肉价格达到历史高位，一度超过40元/kg。但由于疫情的影响，消费者对于猪肉的消费意愿下降，导致猪肉消费比重下降。然而，随着时间推移，到了2021年，生猪产能逐渐恢复，猪肉价格快速下滑，最低价格甚至降至13元/kg。而2022年生猪最低价格出现在3月，猪肉价格跌破12元/kg，最低达到11.8元/kg。这种价格的下降直接引发了猪肉消费的上升。因此，可以说猪肉消费在肉类食品消费中的比重受到市场价格的影响较大。猪肉价格的下降，不仅刺激了消费者的购买欲望，同时也降低了养殖者的养殖成本，这将促进猪肉产业的可持续发展。此外，猪肉价格的下降，还有利于消费者进行多元化食品消费，增加了肉类食品的消费品种，也有助于满足人们对于食品健康的需求。猪肉消费在肉类食品消费中的比重受到市场价格的影响较大。未来，猪肉价格的波动将影响消费量和生产规模，而市场价格的波动也将成为影响猪肉消费比重的主要因素之一。因此，对于猪肉产业的发展，需要充分考虑到市场价格的影响，加强市场监管，稳定价格，促进产业发展。

第四节　我国猪肉、肉类总体消费及与他国的比较

由于人口基数大，尽管猪肉消费量一直保持增长，但人均猪肉消费量仍远未达到最高水平。相比之下，一些高收入国家如美国、德国等，其人均猪肉消费量要高于中国。中国的人口数量庞大，且中国人偏好猪肉，这使得我国的猪肉生产以及猪肉消费一直处于世

界的主导地位。中国目前是世界上最大的猪肉生产国和消费国，猪肉生产量多年来一直占据着世界猪肉总生产量的重要份额。据联合国粮食及农业组织统计数据库、美国农业部以及我国国家统计局最新的统计数据（图 6-13），2022 年我国的猪肉总产量为 5 541 万 t，而同期世界猪肉总产量为 11 439 万 t，我国猪肉产量占世界猪肉总产量的比重达到了 48.44%。同期美国的猪肉产量占世界猪肉总产量的比重为 10.71%，而日本仅仅是 1.13%。

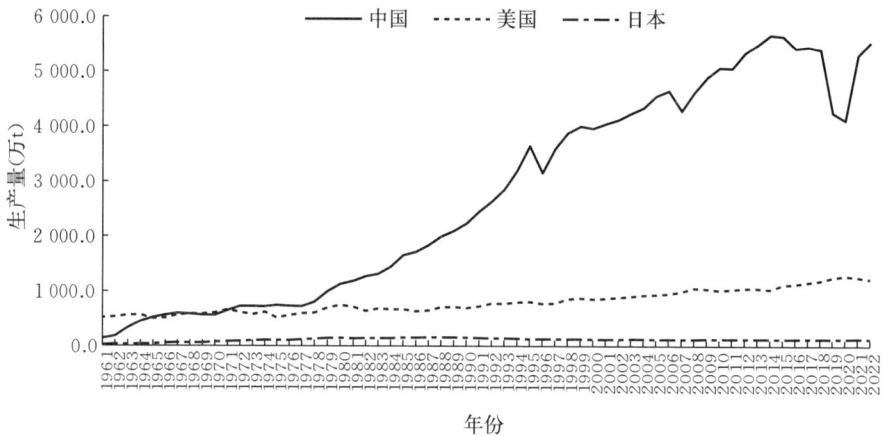

图 6-13 1961—2022 年中美日三国猪肉生产量占世界猪肉总生产量的比重的变化

数据来源：FAOSTAT；USDA；国家统计局。

在中国，猪肉消费市场一直呈现出稳步增长的态势。一方面，随着经济水平的不断提高，人们对于猪肉的需求量也在逐渐增加。另一方面，政府对猪肉产业的扶持政策也为猪肉消费提供了有力保障。近年来，政府采取了一系列措施，如扩大猪肉进口、降低猪肉生产成本等，以满足国内猪肉消费需求。尽管我国猪肉消费量在全球范围内占据重要地位，但仍存在一些挑战。一是，国内猪肉生产过剩，导致市场竞争激烈，猪肉价格波动较大。二是，猪肉品质安全问题受到关注，养殖户需严格遵循养殖规范，确保猪肉质量符合国家相关标准。

中国是世界上最大的肉食品生产国和消费国，这一点毋庸置疑。同时，美国是世界上最大的肉食品出口国，而日本则是世界上最大的肉食品进口国。以上这三个国家在全球经济和文化方面都具有巨大的影响力。然而，尽管这三个国家在全球肉食品生产和消费方面占据重要地位，但它们所处的经济发展阶段和食品消费文化具有显著差异，导致三个国家的肉食品消费量和肉品消费结构截然不同。

首先，中国在改革开放以来取得了快速发展，经济实力逐渐超越其他国家。这使得中国成为全球最大的肉食品生产国和消费国。猪肉、牛肉和羊肉等肉制品消费量占据全国肉类消费的主导地位。此外，中国传统的熟肉制品如酱卤、烧烤等也深受消费者喜爱。

相比之下，美国作为一个高度发达的经济体，其肉类消费以鸡肉、牛肉和猪肉为主。美国消费者对肉食品的消费热情较高，且注重肉类质量和安全。此外，美国的快餐业和餐饮业发展迅速，为全球肉食品消费提供了丰富的选择。

日本作为世界上最大的肉食品进口国，其肉类消费结构与中国和美国有很大差别。日本消费者对肉类质量、安全和口感有较高要求，因此该国进口了大量的高质量肉制品。日本料理中的肉食品种类繁多，包括刺身、照烧肉等。这使得这三个国家的肉食品消费量和肉品消费结构各具特色，相互补充。在全球经济一体化的大背景下，了解这些差异对于促进各国之间的合作和交流具有重要意义。

从猪肉生产量的增长速度来看（图 6 - 14），从 2000—2022 年，世界猪肉生产量的年平均增长速度为 2.84%，而同期我国猪肉生产的年增长速度为 3.97%，美国为 4.25%，日本为 0.29%。可以看出，美国是世界最大的猪肉出口国，中国和日本则是美国猪肉的主要进口国。

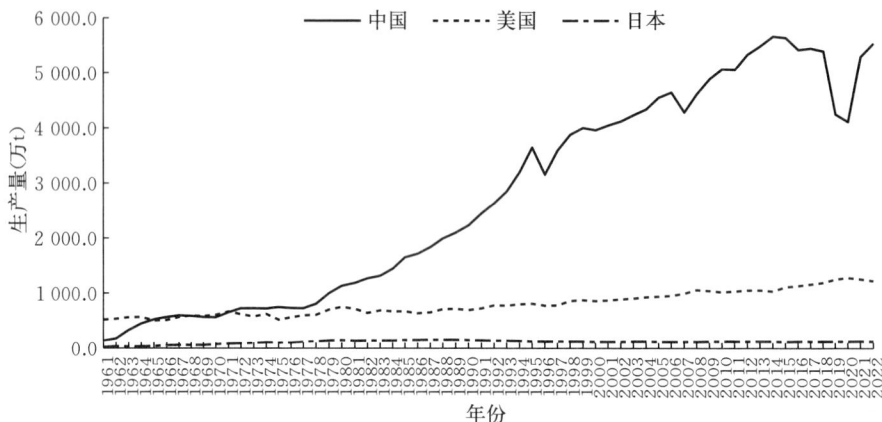

图 6-14　1961—2022 年中美日三国猪肉年生产量的变迁

数据来源：FAOSTAT。

根据中美日三国猪肉消费量的历史变迁来看（图 6-15），我国猪肉消费量呈现出明显的增长趋势。2019—2022 年，我国猪肉消费量由 4 255 万 t 增长至 5 541 万 t，增长幅度为 30.22%。与此

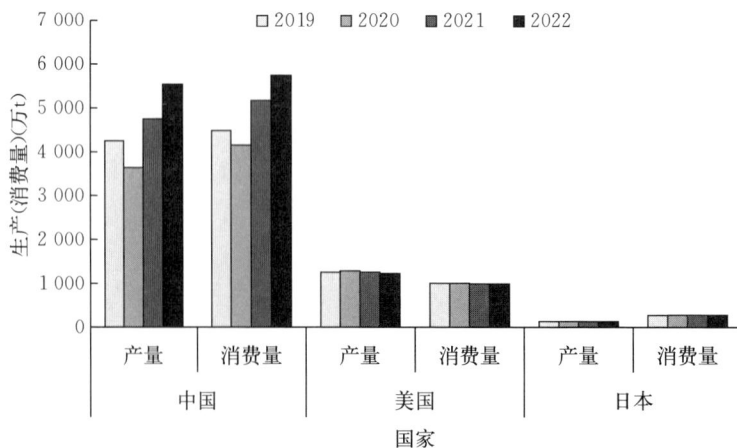

图 6-15　2019—2022 年中美日三国猪肉年消费量的历史变化趋势

数据来源：FAOSTAT。

同时，美国和日本的猪肉消费则呈现出平稳态势。

从猪肉生产量与猪肉消费量的比重来看（图 6 - 16），中国、美国与日本的比率分别为 0.96、1.23 和 0.47。我国的猪肉生产量能够保证国内绝大部分的猪肉消费量，美国的猪肉生产量超出本国猪肉消费量的 23%，也就是说美国猪肉的净出口额需要达到美国猪肉消费量的 23%。日本的猪肉生产量与猪肉消费量的比率较低，其国内猪肉生产能力仅仅能够保证国内猪肉消费量的 47%，其余53% 需要依赖进口。

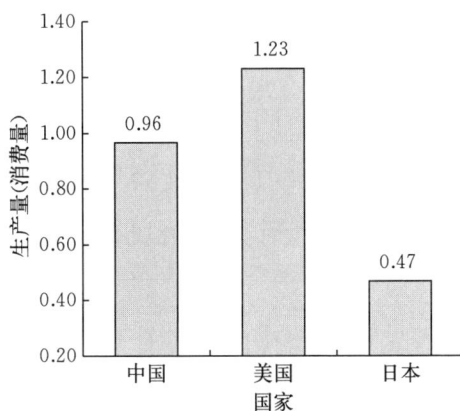

图 6 - 16　2022 年中美日三国猪肉生产量与猪肉消费量的比率

（生产量/消费量）

数据来源：FAOSTAT。

我国人均肉类食品消费量与日本、美国之间的差距表明，我国居民肉类食品需求仍然有一定的上升空间，市场发展前景良好。另一方面，与美国、日本不同，我国居民在肉类食品消费上严重偏重于猪肉，随着未来我国社会文化的发展，这种偏重猪肉的消费习惯会有所改善。

2021 年中、美、日三国中，人均肉类食品消费量最高的国家是美国，高达 125.2 kg，与前两年相比出现了小幅下降的现象；其次是中国，年人均肉食品消费量为 58.5 kg；日本的年人均肉食品消费量为 57.0 kg，与去年相比有略微上升的趋势。

虽然收入水平的差距是造成中美两国人均肉类食品消费量差距的原因之一，但是美国独特的国情和饮食文化也是肉类食品消费量差异的重要因素。美国拥有世界最高效的规模化畜牧生产技术，同时美国拥有广阔的可耕种土地以及较少的人口，这种特殊的国情也使美国的农业规模化技术得到了全面的发展。这使得美国的畜牧饲料价格为世界最低，同时加上美国长时间积累的先进生猪育种技术，生产效率得到提升，促成了美国肉类食品价格相对较低的现状。美国国内猪肉、鸡肉和牛肉的单位价格要远低于白菜、胡萝卜、圆葱等蔬菜的单位价格，同时这也造就了美国人以肉类食品为主的饮食习惯。由于这些饮食习惯、社会环境的不同，我国居民的肉类食品消费短期内不会达到美国居民的这种肉食品高消费的水平。

相对应的是，我国城镇居民的肉类食品消费量接近于日本。虽然日本早在 20 世纪 70 年代人均生活水平就已经达到了世界领先的地位，但是人均肉类产品的消费量仍与世界平均水平持平。日本是以海产品和大米为主要食品来源的国家，虽然在 20 世纪 50—60 年代，在美国控制时期，西方的以肉品为主的饮食文化在日本逐步渗透，但是偏爱海产品的消费习惯仍然是日本饮食文化的主流。再加上日本民众对进口牛肉的安全性缺乏信任，使得日本的牛肉消费量近年来一直处于减少趋势。与日本相比，我国消费者对水产品的消费依存度较小。由于地理环境，饮食文化的不同，虽然我国消费者对水产品的需求量逐年增长，但是未来发展成与日本类似的以水产品为主要肉类食品的可能性较小，应仍以猪、鸡、牛肉、羊肉为主要肉类食品。

由于 2020 年的情况比较特殊（非洲猪瘟疫情），从 2001—2019 年的肉类食品消费量的比较来看，我国猪肉消费量增长了 25.72%，家禽与牛肉分别增长了 54.35% 和 58.97%（表 6 - 1）。同期，美国的猪肉消费量出现了微幅增长，增长幅度为 3.69%，而家禽消费量的增长幅度较大，为 20.33%，但牛肉的消费量呈现出明显的下降趋势，达到了 14.60%。这一变化趋势是由于消费者对食品健康消费意识的提高，促使美国消费者对高脂肪肉类的消费量减少，而对脂肪含量较低的家禽的消费量增加。而日本的肉类食品消费则处于缓慢增长的态势，猪肉和家禽分别增长了 27.03% 和 22.41%，这是由于日本消费者渐渐改变其以鱼类为主的饮食习惯而转向以肉类为主的饮食习惯。相反，牛肉则减少了 9.81%。这与日本消费者对进口牛肉的不信任感和对疯牛病的忌惮心理有关。

表 6 - 1　2001—2021 年主要国家的人均肉类产品年消费量（kg）

年份	中国				美国				日本			
	猪	家禽	牛	肉总	猪	家禽	牛	肉总	猪	家禽	牛	肉总
2001	31.1	9.2	3.9	44.2	29.8	48.7	44.1	122.6	17.2	15.8	10.7	43.7
2002	31.4	9.2	4.0	44.6	30.4	51.7	42.4	124.5	17.9	16.3	9.3	43.5
2003	32.1	9.5	4.1	45.7	30.6	51.6	43.1	125.3	18.0	16.0	9.9	43.9
2004	32.5	9.3	4.2	46.0	30.6	53.4	45.5	129.5	19.2	15.1	8.6	42.9
2005	33.9	10.0	4.2	48.1	29.8	54.2	42.1	126.1	19.4	17.0	8.8	45.2
2006	34.4	10.2	4.3	48.9	29.5	54.0	40.5	124.0	18.3	17.5	8.7	44.5
2007	31.7	11.0	4.6	47.3	30.3	53.4	41.9	125.6	18.7	17.3	8.9	44.9
2008	34.3	11.6	4.5	50.4	30.0	52.3	40.6	122.9	19.1	17.5	8.8	45.4
2009	35.9	12.0	4.6	52.5	29.8	49.4	40.6	119.8	18.6	17.1	9.0	44.7
2010	37.0	12.1	4.6	53.7	28.6	51.6	38.3	118.5	18.9	18.4	9.2	46.5

（续）

年份	中国				美国				日本			
	猪	家禽	牛	肉总	猪	家禽	牛	肉总	猪	家禽	牛	肉总
2011	37.0	12.3	4.4	53.7	27.5	51.2	37.5	116.2	19.2	19.2	9.2	47.6
2012	38.8	13.0	4.5	56.3	27.8	50.3	37.7	115.8	19.5	19.8	9.3	48.6
2013	39.8	13.1	4.6	57.5	28.1	50.7	36.9	115.7	19.3	24.4	9.4	53.1
2014	40.8	12.4	4.6	57.8	27.8	51.3	37.3	116.4	19.7	25.0	9.2	53.9
2015	40.6	12.1	4.8	57.5	29.9	55.1	35.1	120.1	19.2	25.4	8.9	53.5
2016	39.5	13.0	4.9	57.4	30.0	55.7	36.2	121.9	20.0	26.2	8.8	55.0
2017	39.1	13.5	5.1	57.7	30.3	56.2	36.9	123.4	20.8	27.4	9.6	57.8
2018	38.7	13.4	5.4	57.5	29.8	57.3	37.1	124.2	21.7	27.3	10.3	59.3
2019	39.1	14.2	6.2	59.5	30.9	58.6	37.7	127.1	21.9	19.3	9.7	50.9
2020	35.5	15.0	6.7	57.2	30.6	58.7	37.9	127.2	21.3	22.3	9.6	53.2
2021	33.6	17.3	7.6	58.5	29.7	57.7	37.8	125.2	21.9	25.5	9.5	57.0

数据来源：FAOSTAT；USDA。

第七章
猪肉及相关产品进出口情况

第一节 猪肉进出口情况

2022 年，我国鲜冷冻猪肉进口量为 174.3 万 t，同比下降 51.22%，如表 7-1 所示。进口金额为 383 897 万美元，同比下降 61.16%。猪肉进口单价为 2.20 美元/kg，同比下降 20.39%。这是因为 2022 年我国国内生猪产能逐渐恢复，导致对进口猪肉的需求大幅减少。

在 2000 年以前，我国主要的猪肉进出口情况常年处于净出口状态。2001 年我国加入世贸组织后，猪肉出口量急速增长。然而，自 2008 年以来，我国猪肉进口量急速增长，而猪肉出口量则下滑，至今一直保持猪肉净进口态势。

2008 年以后，我国猪肉进口量的增长主要分为两个阶段。第一阶段是 2008 年的突发性猪肉进口量激增。2008 年出现了猪肉净出口向净进口的急剧转变，并出现大幅度的净进口量。这主要是生猪疫病导致的。为控制蓝耳病疫情，大量被感染生猪被无公害处理，从而造成生猪短缺，国内猪肉价格上涨，导致进口国外猪肉需求增加。

　　第二阶段是 2010 年至今的猪肉进口高速稳定的增长阶段。2010 年至今我国猪肉进口量的增长主要是由于国内猪肉需求增长。国内猪肉生产无法满足国内猪肉需求，从而导致国内猪肉价格上扬，并造成我国国内猪肉价格远高于美国等世界主要猪肉出口国的猪肉价格，最终导致了 2010 年以后猪肉进口量的高速增长。

　　图 7-1 显示，2022 年鲜冷冻猪肉进口主要来自欧洲地区和北美洲地区，其中来自西班牙的进口量最高，占 26.9%，但与 2021 年相比减少 4 个百分点；来自巴西的进口量占 23.9%，比 2021 年增加 18 个百分点，连续两年保持我国第二大进口来源国的地位，来自丹麦的进口量占 11.1%，相比上一年上升 1 个百分点，升至我国第三大猪肉进口来源国。来自美国的进口量大幅下降 4 个百分点，退居第 4 位。此外，荷兰、加拿大和法国也是我国的重要鲜冷冻猪肉进口来源国。自 2001 年我国加入世贸组织以来，美国一直是我国最重要的鲜冷冻猪肉进口来源国。尤其是国内猪肉短缺的年度，如 2008 年、2011 年和 2016 年，从美国进口的鲜冷冻猪肉量急剧增加。美国的鲜冷冻猪肉生产对我国国内猪肉供应的稳定作出了巨大贡献。同时，我国庞大的市场也给美国生猪产业的发展作出了巨大贡献。因此，中美贸易壁垒对我国以及美国的猪肉市场都会产生极大的负面影响。

表 7-1　2010—2022 年鲜冷冻猪肉进口情况

年份	总量		金额		平均价格 (美元/kg)
	进口量（万 t）	增长率（%）	进口金额（万美元）	增长率（%）	
2010	20	49	20 899	53	1.04
2011	47	132	84 600	305	1.81
2012	52	12	101 580	20	1.94

（续）

年份	总量		金额		平均价格
	进口量（万 t）	增长率（％）	进口金额（万美元）	增长率（％）	（美元/kg）
2013	58	12	110 473	9	1.89
2014	56	—3	104 805	—5	1.86
2015	78	38	144 904	0.38	1.86
2016	162	108	318 981	120	1.97
2017	122	—25	222 013	—30	1.82
2018	119	—2	207 404	—7	1.74
2019	201	67	434 258	109	2.17
2020	442	120	1 188 189	174	2.76
2021	357	—19	988 491	—17	2.77
2022	174.3	—51	383 897	—61	2.20

数据来源：海关总署。

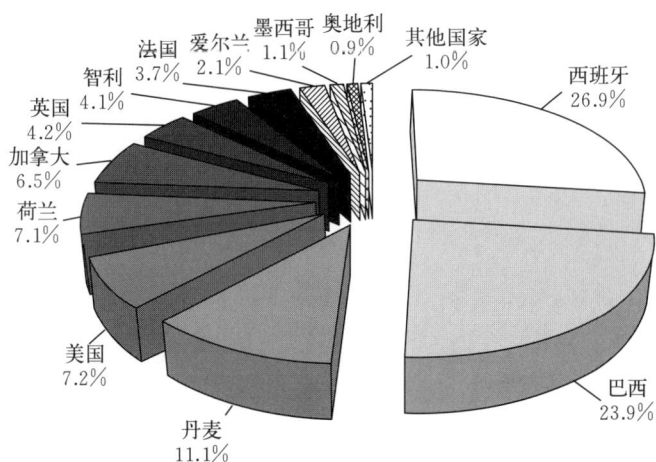

图 7-1　2022 年鲜冷冻猪肉进口来源

数据来源：海关总署。

从表 7-2 可以看出，从 2013 年开始，美国一直是鲜冷冻猪肉的主要进口来源国，一直占据较大比重。德国、西班牙作为鲜冷冻猪肉主要进口来源国，近年来数量一直保持稳定增长。其中，从德国进口的鲜冷冻猪肉数量从 2013 年的 11.5 万 t 增长至 2020 年的 46.2 万 t。而西班牙更是从 2017 年起开始成为第一大鲜冷冻猪肉进口来源国。

表 7-2　2013—2022 年鲜冷冻猪肉进口来源情况（万 t）

国家	2013 年	2014 年	2015 年	2016 年	2017 年	2018 年	2019 年	2020 年	2021 年	2022 年
美国	11.9	11.7	10.2	21.6	16.6	14.9	24.5	69.6	39.8	12.6
德国	11.5	10.7	20.5	34.4	21.2	21.3	32.3	46.2	0.2	0.0
西班牙	7.0	9.2	13.7	26.0	23.8	23.2	38.2	93.4	109.8	46.9
丹麦	6.4	6.8	8.1	15.9	8.9	8.5	17.8	36.0	35.2	19.4
加拿大	7.4	5.2	6.1	17.9	16.7	16.6	17.2	41.1	23.6	11.4
英国	2.1	2.8	3.3	4.3	4.6	4.7	7.6	11.6	9.9	7.4
法国	3.4	2.7	4.3	8.7	5.1	5.0	8.2	12.7	15.3	6.4
智利	2.0	2.6	3.1	4.7	4.0	3.8	7.9	16.5	13.8	7.2
爱尔兰	1.6	2.0	2.8	4.3	3.6	3.5	5.2	6.5	6.8	3.7
波兰	4.3	1.6								
荷兰	0.2	0.9	3.0	12.0	8.6	8.7	16.0	26.5	27.7	12.3
比利时	0.3	0.3	0.7	1.1	0.7	0.6		0.0		
匈牙利		0.2	1.7	2.6	2.5	2.3				
巴西	0.2	0.1	0.3	8.1	4.9	6.0	22.2	48.1	54.6	41.7
罗马尼亚			0.0	0.5	0.5					
乌拉圭			0.0							
芬兰						0.1	0.6	2.0	2.0	0.7

（续）

国家	2013 年	2014 年	2015 年	2016 年	2017 年	2018 年	2019 年	2020 年	2021 年	2022 年
墨西哥				0.0	0.1	0.1	1.5	10.4	7.1	2.0
奥地利							1.2	4.0	4.5	1.6
葡萄牙							0.3	2.1	2.4	0.6
其他国家								15.8	4.8	0.4
合计	58.3	56.4	77.8	162.0	121.6	119.3	200.8	442.3	357.4	174.3

数据来源：海关总署。

在 2021 年，从巴西的进口量是 2020 年的 1.14 倍，跃居我国第二大进口来源国。而 2020 年排名第四的德国，受到非洲猪瘟疫情影响，2021—2022 年我国对其的进口量急剧萎缩，目前我国已经没有从德国进口的猪肉。

我国的鲜冷冻猪肉进口已经实现了多元化来源国的转变。受到中美贸易摩擦的影响，我国从美国的进口量在 2017—2018 年出现了显著下滑。然而，在 2019 年中美贸易谈判顺利进行，以及 2019—2020 年国内猪肉产能下降的背景下，2020 年我国从美国进口的猪肉量大幅上升。随着 2021 年开始的国内生猪产能逐渐恢复，2021 年我国从美国进口的猪肉量下降至 39.8 万 t。随后的 2022 年，这一数量进一步下降至 12.6 万 t。

从表 7-3 和图 7-2 看出，2022 年我国鲜冷冻猪肉的出口量呈现增长态势，但相较于庞大的国内生产量，其比重仍然较为有限。具体来看，2022 年我国共计出口了 2.7 万 t 猪肉，其中，向中国香港出口的量达到 2.57 万 t，占总出口量的 94.71%，而向中国澳门出口的量为 0.1 万 t，占比 3.84%。

表 7 - 3　2011—2022 年鲜冷冻猪肉出口情况

年份	总量		金额		平均价格
	出口量（万 t）	增长率（%）	出口金额（万美元）	增长率（%）	（美元/kg）
2011	8.1	—27	32 610	—2	4.04
2012	6.6	—18	29 504	—10	4.45
2013	7.3	11	32 539	10	4.43
2014	9.2	25	42 269	30	4.62
2015	7.2	—22	32 240	—24	4.51
2016	4.9	—32	25 357	—21	5.22
2017	5.1	6	25 857	2	5.04
2018	4.2	—19	15 930	—38	4.68
2019	2.6	—39	13 708	—14	5.34
2020	1.1	—59	8 937	—35	8.40
2021	1.78	62	12 036	35	6.75
2022	2.72	53	15 050	25	5.54

数据来源：海关总署。

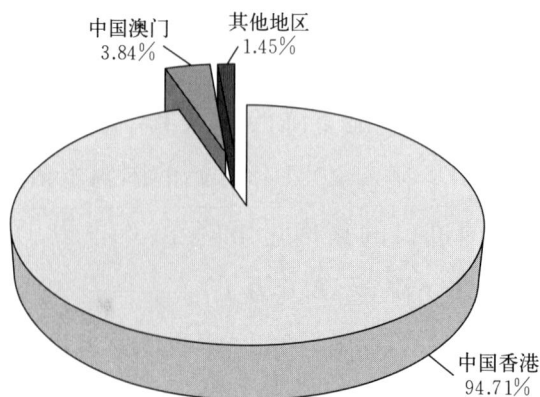

图 7 - 2　2022 年鲜冷冻猪肉出口去向

数据来源：海关总署。

这一现象背后，反映出我国猪肉需求的迅猛增长，而国内生产尚不能完全满足这一需求。尽管如此，出口量的稳步提升也显示出我国猪肉生产正在逐步转型，旨在更好地服务于国内外市场的需求。

然而，从进出口的价格角度来看，我国鲜冷冻猪肉的出口单价为 5.54 美元/kg，显著高于 2.20 美元/kg 的进口单价。这一价格差异暴露出在国际鲜冷冻猪肉市场中，我国的出口产品价格相对偏高，竞争力不足。这无疑成为我国猪肉生产者进军国际市场时面临的一大障碍。价格上的劣势，可能会阻碍我国猪肉在国际市场上与其他国家产品的竞争，从而影响我国猪肉在海外市场的拓展。

同时，生猪疫病问题也是制约我国猪肉产品进一步开拓海外市场的重要因素。这些疫病不仅可能对出口量产生影响，更可能损害我国猪肉在国际市场上的声誉和认可度。因此，对于我国的猪肉产业而言，如何妥善应对生猪疫病问题、持续提升猪肉质量，将是其未来国际化发展的关键所在。

第二节　猪杂碎进口情况

据海关总署发布的数据（表 7-4），2022 年我国冻猪杂碎进口量（包括冻猪肝和其他冻猪杂碎）为 105 万 t，环比下降了 22%。进口金额为 270 789 万美元，同比下降 12%。平均进口单位价格为 2.58 美元/kg，比 2021 年有所上升。

2022 年在冻猪杂碎的进口来源中，美国占据第一，占比达到 25.2%。第二位是占据 21.2% 份额的西班牙，第三位是丹麦，份额是 15.1%。荷兰、法国和英国分别占据第四到第六的位置，其份额在 5%～11% 之间。此外，加拿大、智利、爱尔兰和巴西也是我国冻猪杂碎的主要进口来源国（图 7-3）。

表 7 - 4　2012—2022 年冻猪杂碎进口情况

年份	总量		金额		平均价格
	进口量（万 t）	增长率（％）	进口金额（万美元）	增长率（％）	（美元/kg）
2012	84	—5	144 523	14	1.73
2013	81	—3	150 414	4	1.85
2014	81	0	140 507	7	1.73
2015	78	—5	125 072	—11	1.61
2016	133	72	245 398	96	1.84
2017	124	—7	211 306	—14	1.71
2018	95	—23	151 708	—28	1.60
2019	100	6	184 730	22	1.84
2020	127	26	264 372	43	2.09
2021	136	7	308 296	17	2.27
2022	105	—22	270 789	—12	2.58

数据来源：海关总署。

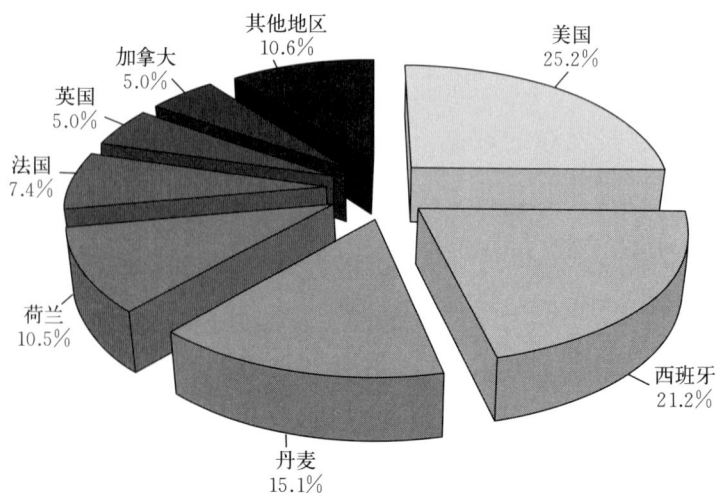

图 7 - 3　2022 年冻猪杂碎的进口来源

数据来源：海关总署。

根据表 7-5 的数据，可以看出 2014 年以前，从美国和丹麦进口的冻猪杂碎占据了绝对的主导地位。然而，自 2015 年开始，从德国和西班牙的进口量逐渐上升，尽管 2021 年从德国进口量骤减。从 2016 年开始，加拿大和荷兰的比重也有所提高，且近年来稳定在 10% 左右。德国作为欧洲最大的猪肉生产国，拥有先进的猪肉生产技术和高效的卫生管理体系。由于与我国的猪肉贸易协定签署比其他欧洲国家晚，2010 年以前德国对中国猪产品的出口比重相

表 7-5　2013—2022 年各国冻猪杂碎进口来源情况（万 t）

国家	2013 年	2014 年	2015 年	2016 年	2017 年	2018 年	2019 年	2020 年	2021 年	2022 年
美国	24.53	26.42	14.00	42.42	41.63	17.71	17.30	24.75	33.21	26.48
丹麦	17.02	15.73	14.48	19.00	14.44	14.08	12.88	15.03	16.05	15.88
德国	11.08	10.29	15.08	21.71	14.71	13.23	16.88	16.40	0.07	0.00
西班牙	5.54	7.39	8.60	11.13	12.55	10.89	14.51	24.61	28.99	22.30
加拿大	9.02	6.58	5.01	12.14	12.57	10.95	9.21	10.96	4.91	5.27
法国	5.01	4.66	4.54	5.90	5.99	5.68	6.62	7.84	8.88	7.75
荷兰	1.06	2.93	6.96	9.58	10.06	10.75	11.95	10.99	12.29	11.04
智利	1.77	2.10	2.49	2.74	2.53	2.99	3.44	4.19	4.79	4.42
英国	1.38	1.73	2.17	2.87	2.70	2.73	4.19	5.90	4.81	5.29
爱尔兰	1.33	1.55	1.98	2.31	2.25	2.28	2.73	2.57	2.83	2.35
波兰	3.08	1.18								
比利时	0.38	0.62	0.87	2.01	2.13	1.47				
匈牙利		0.27	1.38	1.31	1.33	0.49				
其他国家			0.02	0.31	0.75	0.24	0.45	3.27	5.18	4.33
合计	81.19	81.44	77.58	133.43	123.65	94.67	100.41	126.51	122.01	105.10

数据来源：海关总署。

对较小。2009 年，德国对中国的冻猪杂碎出口量仅为 100 t，而 2016 年则增长到了 21.7 万 t，实现了 2 100 倍的增长。2021—2022 年，从德国的进口量骤减，主要原因是德国发生了非洲猪瘟疫情，导致德国禁止出口未加工猪肉制品。

根据 2022 年的数据，从美国进口的冻猪杂碎进口量达到 26.48 万 t，这使得美国继续保持我国最大的冻猪杂碎进口来源国地位。长期以来，美国是我国的主要冻猪杂碎进口来源国。与德国相似，美国绝大多数地区的居民很少食用猪蹄、猪尾等猪杂碎食品。在 2018—2019 年期间，在中美贸易摩擦影响下，美国冻猪杂碎进口量出现显著下滑。然而，在 2020—2022 年，随着中美贸易关系缓和，进口量有所回升。

我国的冻猪杂碎出口始于 2016 年，除 2019 年以外，其他年份的出口量均呈现负增长。出口的主要目的地集中在中国香港和澳门。在 2020—2022 年，我国冻猪杂碎的出口量微乎其微，主要是受到新型冠状病毒疫情的影响。与我国冻猪杂碎进口量相比，冻猪杂碎的出口量显得非常微小（表 7 - 6）。

表 7 - 6　2011—2022 年我国冻猪杂碎出口情况

年份	总量		金额		平均价格（美元/kg）
	出口量（万 t）	增长率（%）	出口金额（万美元）	增长率（%）	
2011	0.012	−8	11.78	−22	1.02
2012	1.09	9 282	4 428.76	37 484	4.08
2013	0.82	−24	1 160.44	−74	1.41
2014	0.007 5	−99	13.95	−99	1.86
2015	0.064	754	91.06	553	1.42
2016	0.037	−42	89.99	−1	2.42

（续）

年份	总量		金额		平均价格
	出口量（万 t）	增长率（%）	出口金额（万美元）	增长率（%）	（美元/kg）
2017	0.005 5	−85	9.40	−89	1.71
2018	0.002 6	−53	11.36	21	4.37
2019	0.006 9	165	19.19	69	2.78
2020	0	0	0	0	—
2021	0.005 5	0	4.13	0	0.75
2022	0.004 9	−10	9.76	136	1.97

数据来源：海关总署。

第三节　种猪进口情况

从表 7-7 可以看出，2022 年，我国种猪进口量为 344 t，比 2021 年减少 78%。进口金额为 1 540 万美元，比 2021 年下降 72%，进口单位价格为 44.73 美元/kg。自 2013 年以来，我国种猪进口量呈下降趋势，主要是由于我国生猪育种技术的提高，导致对国外种猪的依赖减少。尽管 2020 年种猪进口量比 2019 年略有增长，但与 2018 年相比仍有较大差距。然而，到了 2021 年，种猪进口量出现了大幅增长，主要是因为我国对境外种猪的进口有所放开，同时叠加了 2019 年和 2020 年我国严格控制种猪进口的政策，因此在 2021 年引发了巨大的进口需求。

2022 年，我国的种猪进口量恢复到了往年的水平。在我国种猪进口来源方面，2022 年主要依赖美国、法国和丹麦。尽管我国的生猪育种技术不断提高，但我们仍然需要从这三个国家进口种猪以满足国内市场需求（表 7－8）。

表 7－7　2010—2022 年种猪进口情况

年份	总量		金额		平均价格
	进口量（t）	增长率（%）	进口金额（万美元）	增长率（%）	（美元/kg）
2010	253	35	772	35	30.55
2011	755	199	2 202	185	29.16
2012	1 068	41	3 419	55	32.02
2013	1 164	9	3 888	14	33.39
2014	562	－52	2 059	－47	36.64
2015	262	－53	829	－60	31.64
2016	309	18	1 099	32	35.62
2017	599	94	2 058	87	34.38
2018	447	－25	1 302	－37	29.15
2019	51	－89	302	－77	59.29
2020	132	160	599	98	45.24
2021	1 558	1 080	5 451	810	35.57
2022	344	－78	1 540	－72	44.73

数据来源：海关总署。

表 7－8　2013—2022 年种猪进口来源及进口量（t）

年份	2013	2014	2015	2016	2017	2018	2019	2020	2021	2022
美国	489.32	136.15	15.93	18.38	344.83	321.84		18.76	601.86	72.93
加拿大	373.74	179.85	71.55	192.15	68.11	81.77				
法国	162.42	46.80	133.10	50.22	173.00	42.97		51.97	519.09	221.86
英国		60.40						7.20	46.35	
丹麦	138.73	138.80	41.36	47.86	12.60		50.90	54.41	390.37	49.39

数据来源：海关总署。

第四节　活猪出口情况

根据表7-9和表7-10，2022年我国活猪出口量表现出显著增长，其中大于50 kg的活猪的出口量为12.67万t，同比上升了25.94%。此外，出口金额为45 386.19万美元，环比上升了4.96%。平均单位价格为3.58美元/kg，这一出口单价相比2021年大幅下降。与此同时，2022年我国小于50 kg的活猪出口量为零。

近年来，我国猪产业受到了外部环境的影响，包括禁食令、疫情流行等。因此，为了适应国际市场的需求，我国猪产业必须不断调整产品结构，以满足消费者对不同部位的需求。在此背景下，大于50 kg的活猪出口量增长，表明我国猪产业已经在市场上占据了更重要的地位，并且有能力满足国际市场的需求。

表7-9　2011—2022年活猪出口情况

| 年份 | 总量 | | 金额 | | 平均价格 |
	出口量（万t）	增长率（%）	出口金额（万美元）	增长率（%）	（美元/kg）
2011	15.55	−7.24	42 784.31	28.03	2.75
2012	16.68	7.31	45 640.43	6.68	2.74
2013	17.11	2.57	45 496.57	−0.30	2.66
2014	17.90	4.60	45 210.82	−0.63	2.53
2015	17.87	−0.15	48 250.00	6.72	2.70
2016	15.75	−11.39	48 261.04	0.02	3.06
2017	16.95	7.62	44 616.09	−7.76	2.63

（续）

年份	总量		金额		平均价格
	出口量（万 t）	增长率（%）	出口金额（万美元）	增长率（%）	（美元/kg）
2018	17.45	2.95	42 469.63	−4.81	2.43
2019	10.59	−39.31	39 536.43	−6.91	3.73
2020	8.14	−23.17	52 123.33	31.84	6.41
2021	10.06	23.59	47 636.71	−8.61	4.74
2022	12.67	25.94	45 386.19	4.96	3.58

数据来源：海关总署。

表 7 - 10　2011—2022 年活猪（小于 50 kg）出口情况

年份	总量		金额		平均价格
	出口量（万 t）	增长率（%）	出口金额（万美元）	增长率（%）	（美元/kg）
2011	0.09	−27	356.57	−18	4.14
2012	0.10	15	415.95	17	4.18
2013	0.10	2	425.97	2	4.22
2014	0.10	0	424.36	0	4.19
2015	0.10	−5	405.66	−4	4.20
2016	0.09	−11	412.79	2	4.82
2017	0.08	−6	398.87	−3	4.90
2018	0.06	−30	260.00	−35	4.61
2019	0.02	−61	104.49	−60	4.77
2020	0	0	0	0	0
2021	0	0	0	0	0
2022	0	0	0	0	0

数据来源：海关总署。

第八章

核心育种场种猪种源情况调查统计

第一节　总体情况

　　农业农村部种业管理司与中国畜牧业协会 2023 年 1 月共收集了 58 家核心育种场（企业）2022 年种猪存栏及进口种猪数据共计 391 条。通过数据分析发现，首先地方品种种猪数量减少，大白等进口品种种猪存栏上涨；其次核心群（原种群＋扩繁群）2022 年年末后备猪头数同比上涨超 20％，可以预测 2023 年二元母猪的供应有保障；最后从进口情况来看，2022 年进口大白种母猪为 1 829 头，占总进口的 64.47％，主要进口来源国为法国，可以看出我国种猪无论从进口的品种还是来源国，单一化"卡脖子"问题比较严重。

　　在地方猪种的开发利用上，核心种猪场工作不到位，扩繁群无地方猪种存栏，种猪品种多元化形势不容乐观。为解决这一问题，育种场需要加强地方品种种猪的保护和繁育工作，采取多种措施增加地方品种种猪的繁育量。政府也应该加大对地方品种种猪的支持力度，出台政策鼓励种猪育种场对地方品种种猪的保护和繁育。只有这样，才能更好地推动我国猪产业的健康发展。

第二节　核心育种场种猪存栏以及供种情况

生猪育种是我国生猪产业高质量发展的核心工作，也是提高我国养猪业国际竞争力的关键环节。种猪的生产效率直接影响育肥猪养殖成本的高低。尽管如此，在优秀品种的育种上，我国育种场仍然存在一些困难和问题，比如核心种源依赖进口，而进口种猪存在诸多风险。为此，农业农村部种业管理司与中国畜牧业协会于 2023 年 1 月共同收集了 58 家核心育种场（企业）2022 年种猪存栏及进口种猪数据，共计 391 条。这 58 家核心种猪场存栏种猪品种包括长白、大白、杜洛克、巴克夏、皮特兰、川藏黑猪、蓝塘猪、荣昌猪共计 8 个品种。本文通过对国家核心育种场（企业）种猪存栏及进口种猪数据的收集整理，结合我国生猪市场的现状，分析我国生猪育种业面临的主要问题，并提出相关对策建议。

一、种猪核心群存栏上涨

根据最新数据（表 8-1），2022 年末，58 家核心种猪场的纯种猪总存栏量明显上升。这些猪场的核心种猪存栏量达到 22.6 万头，比 2021 年增长 16.1%。所述种猪包括原种猪和扩繁群种猪。在这些种猪中，母猪数量为 21.4 万头，占整个种猪存栏量的 94.9%，同比增加 16.6%。此外，公猪数量为 1.15 万头，占整个种猪存栏量的 5.1%，同比增加 7.8%。因此，母猪和公猪的比例约为 9∶1。总体来看，这些核心种猪场的纯种猪存栏量增加表明了这些猪场在提高生产效率和扩大生产规模方面取得了积极进展。这也意味着这些猪场在提供高质量种猪方面拥有了更强的实力和更大的潜力。

表 8-1　核心群存栏情况表（万头）

种猪代次	种猪性别	2021 年末		2022 年末		总存栏	
		成年猪	后备猪	成年猪	后备猪	2021 年	2022 年
原种群	公猪	6 820	2 659	6 639	2 755	9 479	9 394
原种群	母猪	102 504	19 501	116 313	23 037	122 005	139 350
合计		109 324	22 160	122 952	25 792	131 484	148 744
扩繁群	公猪	896	321	1 622	518	1 217	2 140
扩繁群	母猪	51 499	10 046	61 877	12 796	61 545	74 673
合计		52 395	10 367	63 499	13 314	62 762	76 813
原种+扩繁	公猪	7 716	2 980	8 261	3 273	10 696	11 534
原种+扩繁	母猪	154 003	29 547	178 190	35 833	183 550	214 023
合计		161 719	32 527	186 451	39 106	194 246	225 557

数据来源：中国畜牧业协会。

2022 年末，原种能繁母猪（成年猪）的存栏量达到 11.6 万头，同比增长 13.5%。与此同时，扩繁群能繁母猪数量为 6.19 万头，同比增长 20.2%。后备母猪方面，原种后备母猪存栏量为 2.3 万头，同比增长 18.1%，而扩繁后备母猪存栏量为 1.28 万头，同比增长 27.4%。在公猪方面，原种成年公猪存栏量为 6 639 头，同比下降 2.7%，而扩繁成年公猪存栏量为 1 622 头，同比增长 81.0%。

值得注意的是，所调查的核心种猪场中，原种能繁母猪存栏量是扩繁群能繁母猪存栏量的 1.9 倍。这一数据充分证明了这些核心种猪场以原种猪为主要品种。这也意味着，核心种猪场更注重原种猪的培育和保种工作，体现了核心猪场对优质种猪资源的重视和维护的战略决策。

二、主流品种核心群存栏增长幅度较大

根据 58 家核心种猪场的数据（表 8-2），种猪主流品种包括长白、大白、杜洛克、巴克夏和皮特兰五个品种。这些核心种猪场的纯种猪存栏量正在明显增长。在 2022 年末，这些核心种猪场的主流品种纯种猪总存栏量为 22.5 万头，比 2021 年增长了 16.9%。在这 22.5 万头纯种猪中，母猪（包括能繁母猪和后备母猪）的总存栏量为 21.3 万头，同比增长 16.9%；而公猪的总存栏量为 1.14 万头，同比增长 17.2%。母猪和公猪的比例为 94.9% 和 5.1%。

表 8-2 主流品种核心群存栏（万头）

核心群		2021 年末		2022 年末		总存栏	
种猪代次	种猪性别	成年猪	后备猪	成年猪	后备猪	2021 年	2022 年
原种群	公猪	6 100	2 403	6 590	2 661	8 503	9 251
原种群	母猪	101 504	19 335	115 674	22 849	120 839	138 523
合计		107 604	21 738	122 264	25 510	129 342	147 774
扩繁群	公猪	896	321	1 622	518	1 217	2 140
扩繁群	母猪	51 499	10 046	61 877	12 796	61 545	74 673
合计		52 395	10 367	63 499	13 314	62 762	76 813
原种+扩繁	公猪	6 996	2 724	8 212	3 179	9 720	11 391
原种+扩繁	母猪	153 003	29 381	177 551	35 645	182 384	213 196
合计		159 999	32 105	185 763	38 824	192 104	224 587

数据来源：中国畜牧业协会。

在主流品种的核心群体中，原种能繁母猪的存栏量为 11.5 万头，同比增长 14.0%；扩繁群能繁母猪的存栏量为 6.19 万头，同比增长 20.2%。原种后备母猪存栏量为 2.3 万头，同比增长 18.2%，扩繁后备母猪存栏量为 1.28 万头，同比增长 27.4%。原种成年公猪存栏量为 6 590 头，同比上升 8.0%；扩繁成年公猪存栏量为 1 622 头，同比增长 81.0%。原种后备公猪存栏量为 2 661 头，同比增长 10.7%；扩繁群后备公猪存栏量为 518 头，同比上涨 61.4%。

三、地方品种核心群存栏大幅度减少

根据最新统计数据（表 8 - 3），核心种猪场在地方品种方面，共存栏川藏黑猪、蓝塘猪、荣昌猪等三个品种。然而，到 2022 年末，地方品种核心群中的原种能繁母猪数量减少了 31.6%，降至 639 头。此外，原种后备母猪存栏量虽然有所增加，达到 188 头，同比增长 13.3%，但仍然无法改变整体下滑的趋势。

表 8 - 3　2021—2022 年地方品种核心群存栏（万头）

种猪代次	种猪性别	2021 年末		2022 年末		总存栏	
		成年猪	后备猪	成年猪	后备猪	2021 年	2022 年
原种群	公猪	720	256	49	94	976	143
原种群	母猪	1 000	166	639	188	1 166	827
合计		1 720	422	688	282	2 142	970
扩繁群	公猪	0	0	0	0	0	0
扩繁群	母猪	0	0	0	0	0	0
合计		0	0	0	0	0	0

数据来源：中国畜牧业协会。

在公猪方面，原种成年公猪的数量大幅下降 93.2%，仅存 94 头。原种后备公猪的数量也减少了 63.3%，仅为 94 头。不过，扩繁群母猪和公猪的数量并未在统计之列。

综上所述，核心种猪场在地方品种的存栏量整体下滑，其中原种能繁母猪和公猪的数量下降幅度尤其明显。这给我们敲响了警钟，我们需要思考如何在未来加强对这些稀有品种的保护和繁殖，以确保它们不会进一步减少。我们需要重视这些问题的紧迫性，并采取相应的措施，以确保这些品种能够在未来继续繁衍下去。

四、主流品种供种量增加

2022 年，原种群母猪的供种数量为 22.4 万头，比去年同期增长了 20.5%。在所有原种群母猪中，大白猪的比例最高，占总数的 70.9%，长白猪紧随其后，占比为 18.5%，杜洛克猪占 8.6%，皮特兰猪占 0.8%，地方猪种占比为 1.0%。这说明，在原种群母猪中，大白猪是主要品种。另一方面，扩繁群母猪的供种数量为 27.3 万头，比去年同期增长了 28.5%。其中，大白猪的比例仍然占据主导地位，为 85.5%，长白猪占比为 12.9%，杜洛克猪占比为 1.6%，其他猪种占比为 0%。这表明，在扩繁群母猪中，大白猪同样是最主要的品种（表 8-4）。

总的来说，大白猪在 2022 年的供种情况中占据了主导地位，无论是原种群还是扩繁群母猪的供种中，其比例均最高。此外，2022 年的供种数量相比去年同期有显著增长，其中扩繁群母猪的供种数量增长幅度更大，为 28.5%，而原种群母猪的供种数量增长幅度为 20.5%。这可能表明养殖户对扩繁群母猪的需求和重视程度在逐渐提高。

表 8 - 4　2021—2022 年原种群与扩繁群母猪分品种供种情况（万头）

种猪代次	品种	2021 年末存栏		2022 年末存栏		供种情况	
		成年猪	后备猪	成年猪	后备猪	2021 年	2022 年
原种群	大白	67 733	12 326	76 456	14 115	129 097	158 935
	长白	22 058	4 221	25 358	5 310	41 322	41 559
	杜洛克	11 221	2 751	13 271	3 273	14 403	19 263
	皮特兰	392	25	500	141	1 005	1 846
	巴克夏	100	12	89	10	36	42
	蓝塘猪	113	7	122	16	34	43
	荣昌猪	680	120	302	120	0	2 329
	川藏黑猪	207	39	215	52	103	98
	合计	102 504	19 501	116 313	23 037	186 000	224 115
扩繁群	大白	35 852	6 991	44 987	8 624	165 819	233 751
	长白	13 875	2 526	13 580	3 212	44 555	35 363
	杜洛克	1 735	517	3 253	945	2 310	4 267
	皮特兰	37	12	57	15	0	0
	巴克夏	0	0	0	0	0	0
	蓝塘猪	0	0	0	0	0	0
	荣昌猪	0	0	0	0	0	0
	川藏黑猪	0	0	0	0	0	0
	合计	51 499	10 046	61 877	12 796	212 684	273 381

数据来源：中国畜牧业协会。

根据 2022 年的数据（表 8 - 5），原种群公猪的销售或自用精液数量为 95 万剂（份），同比下降了 9.8%。在销售或自用精液中，杜洛克猪的占比最大，为 39.6%，大白猪的占比为 32.5%，长白猪的占比为 25.3%，皮特兰猪的占比为 2.6%，其他猪种的占比小于 0.05%。此外，扩繁群公猪的销售或自用精液数量为 1.5 万剂（份），同比下降了 35.4%，其中长白猪的占比最大，为 43.0%，杜洛克的占比为 38.1%，大白猪的占比为 18.9%，没有其他种猪精液的销售或自用。

表 8 - 5　2021—2022 年原种群与扩繁群公猪分品种精液销售加自用情况

种猪代次	品种	2021 年末存栏（万头）		2022 年末存栏（万头）		精液剂［剂（份）]	
		成年猪	后备猪	成年猪	后备猪	2021 年	2022 年
原种群	大白	2 533	1 030	2 941	1 058	382 856	309 165
	长白	1 632	714	1 771	747	313 337	240 861
	杜洛克	1 826	646	1 756	800	345 695	376 132
	皮特兰	93	6	106	49	11 387	24 331
	巴克夏	16	7	16	7	12	11
	蓝塘猪	7	2	13	3	5	6
	荣昌猪	700	200	24	27		
	川藏黑猪	13	54	12	64	15	18
	合计	6 820	2 659	6 639	2 755	1 053 307	950 524
扩繁群	大白	539	193	881	332	6 329	2 889
	长白	232	86	333	68	12 361	6 590
	杜洛克	125	42	408	118	5 009	5 841
	皮特兰	0	0	0	0	0	0
	巴克夏	0	0	0	0	0	0
	蓝塘猪	0	0	0	0	0	0
	荣昌猪	0	0	0	0	0	0
	川藏黑猪	0	0	0	0	0	0
	合计	896	321	1 622	518	23 699	15 320

数据来源：中国畜牧业协会。

核心育种场能繁母猪的销售数量上升，而精液的销售数量却下降的主要原因有两个方面。

第一，一些养猪企业淘汰了生产性能较差的能繁母猪。根据国家生猪产业技术体系产业经济研究室的调研结果，2022 年的能繁经产母猪大多是 2020 年前后出生的仔猪，当时母猪价格较高，再加上非洲猪瘟疫情比较严重，种猪调运风险较高，很多养猪企业利用三元商品代留出的种母猪来进行繁殖。然而，这些母猪在 2022 年开始表现出产仔性能的缺陷，加上生猪价格低迷，大量能繁母猪被淘汰替换。

第二，能繁母猪的淘汰也与母猪价格波动有关。母猪价格的波动不仅影响了养猪企业的利润，还影响了养猪企业的繁殖计划。2022 年生猪价格低迷，导致能繁母猪被淘汰的数量增加。此外，环保政策的实施也对养猪企业的繁殖造成了影响。许多养猪企业表示，环保政策对猪场的污染治理提出了更高的要求，导致企业的运营成本增加，从而影响了企业的繁殖计划。

总之，2022 年原种群公猪销售或自用精液数量下降，主要原因是养猪企业淘汰了生产性能较差的能繁母猪。此外，母猪价格波动和环保政策的影响也是导致销售精液数量下降的原因。

第三节　种猪市场以及进口情况

一、进口种猪头数大幅度减少

根据海关总署发布的最新统计数据（图 8-1），2022 年中国进口种猪数量出现了大幅下滑。相较于 2021 年的 23 339 头和 2020 年的 29 042 头，2022 年仅从国外进口了 5 280 头种猪，与 2021 年和 2020 年相比下降幅度分别达到了 77.4% 和 81.8%。

在具体进口来源方面，法国依然是中国进口种猪的主要来源国，2022 年共从法国进口了 2 750 头。此外，从美国和丹麦分别进

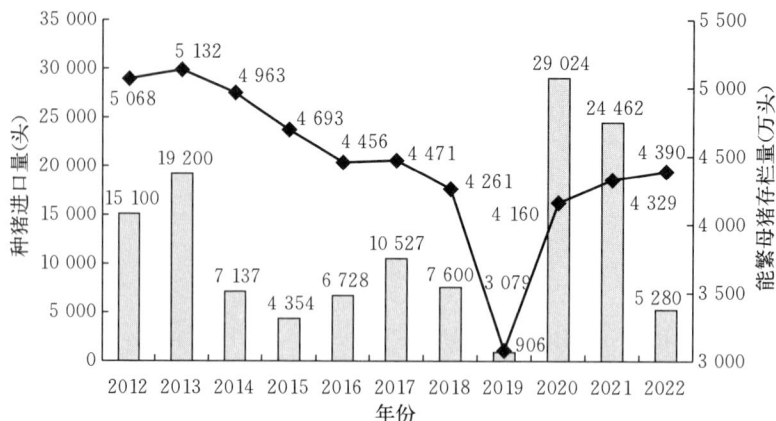

图 8-1   2012—2022 年我国能繁母猪存栏以及种猪进口情况

数据来源：农业农村部、海关总署。

口了 1 407 头和 1 123 头。

总体来看，中国在种猪进口数量上出现了显著的下降趋势，这可能表明了国内养殖企业在种猪繁育和品质提升方面取得了积极的进展，也可能反映了国内猪肉市场的供需状况。但不管原因如何，这种变化对国内养殖业和相关产业无疑带来了一定的影响。

根据对国内 58 家核心育种场的调查结果显示（图 8-2，表 8-6），2022 年有 4 家进口了种猪，总计进口种猪数量达到 3 241 头，占当年全国进口量的 61.4%。在这些进口的种猪中，有 2 837 头是种母猪，占 87.53%，而种公猪则有 404 头，占 12.47%。从具体的品种来看，进口的大白种母猪数量为 1 829 头，占比达到了 64.47%，这一比例与 2022 年所调查的企业外销＋自用种母猪当中大白种母猪的占比 78.93% 接近。在这些进口的大白种母猪中，法系大白为 1 100 头，美系大白为 259 头。此外，进口的长白种猪有 588 头，占 20.73%；杜洛克种猪有 420 头，占 14.80%。

如图 8-2 和图 8-3 显示，所调查的企业进口种猪的主要来源有 4 家公司。其中，从丹麦进口的种猪数量为 1 121 头，占总进口量的 34.6%。另外，从法国 AXIOM（艾克西姆）和科普立信均进口了 750 头，从美国的托佩克进口了 620 头。

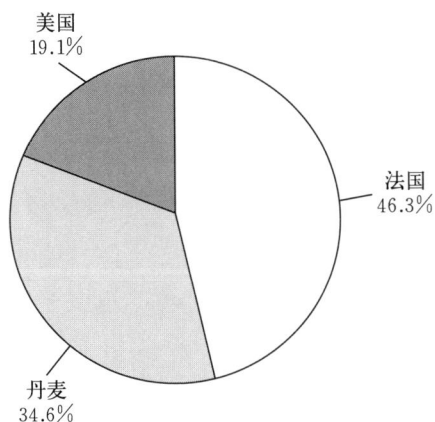

图 8-2　我国种猪进口来源国分布
　　　数据来源：海关总署。

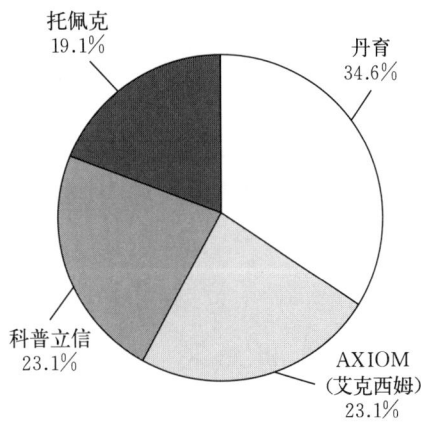

图 8-3　我国种猪进口来源公司分布
　　　数据来源：海关总署。

表 8-6　2022 年不同品种种母猪进口情况

品种	进口来源国	头数（头）	占比（%）
大白	美国	259	9.13
大白	法国	1 100	38.77
大白	丹麦	470	16.57
长白	美国	164	5.78
长白	法国	110	3.88
长白	丹麦	314	11.07
杜洛克	美国	97	3.42
杜洛克	法国	120	4.23
杜洛克	丹麦	203	7.16
合计		2 837	100

数据来源：海关总署。

调查结果反映了中国国内种猪市场对于进口种猪的需求不断增加。其中，大白种母猪的进口量占比最高，且主要来自法国和美国。此外，从丹育进口的种猪数量最多，占总进口量的 34.6%。这些信息为中国的种猪产业提供了重要的参考和启示，有助于我们更好地了解市场需求，调整育种方向，提高猪质和效益。

二、能繁母猪市场价格低迷

据 2022 年数据（图 8-4），二元母猪价格持续低迷，月度平均价格为 39.46 元/kg，较 2021 年的 56.74 元/kg 下降了 30.45%。与此同时，仔猪的平均价格为 36.37 元/kg，较 2021 年的 56.99 元/kg 下降了 36.19%。这些数据表明，二元母猪的供应相对充足，甚至呈现出略微过剩的趋势。因此，可以得出结论，当前的二元母猪市场已经处于一个相对稳定的状态，但仍然需要密切关注市场动态，以便及时调整生产和经营策略。

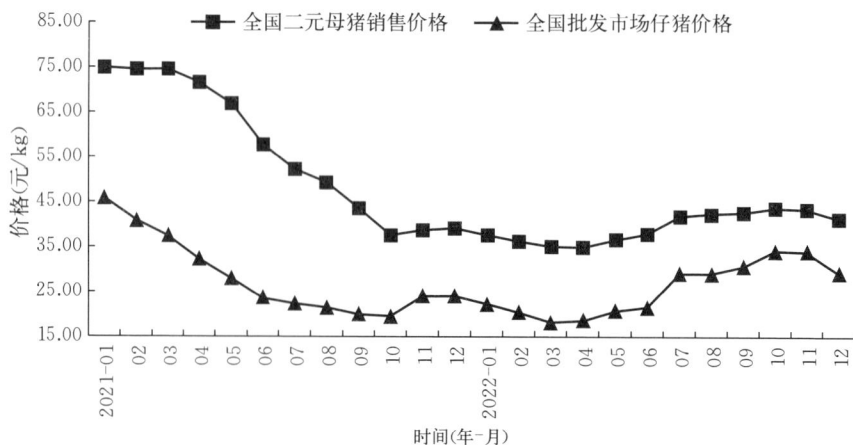

图 8-4 2021—2022 年我国二元母猪销售以及仔猪销售价格走势

数据来源：农业农村部。

第四节　政策建议

一、建立稳定的生猪市场监测预警体系

建立稳定生猪市场是保障我国生猪育种业持续稳定发展的关键。针对生猪价格大幅波动带来的影响，我们应加快建立健全生猪市场监测预警体系，以便准确掌握市场动态，及时采取措施，确保生猪市场的稳定。

二、加强地方猪种的保护与开发力度

我国在地方猪种的保护与开发上仍存在诸多不足。为改善种猪品种多元化的现状，各育种场需加强对地方品种种猪的保护和繁育工作，通过提高繁育数量，逐步改变种猪品种单一的现状。政府也应出台相关政策鼓励和支持种猪育种场进行地方品种种猪的保护和繁育工作。

同时，我们还要重视地方品种种猪的遗传多样性和资源可持续利用。这需要我们加强地方品种资源的收集、整理和保存工作，确保这些珍贵的遗传资源得以传承和发扬。

三、实现进口种猪来源多样化

我国进口种猪主要依赖法国、美国和丹麦等少数国家，这可能会导致我国在进口种猪方面遭遇类似芯片产业的供应链"卡脖子"

问题。为了避免潜在风险，我们需要采取多种措施实现进口种猪来源的多样化。

首先，我们可以拓展进口渠道，与那些能够提供高质量种猪的国家或企业建立合作关系。例如，加拿大和巴西等国家的企业可能成为我们的潜在合作伙伴。通过这种方式，我们可以降低对单一进口渠道的依赖，增强我国生猪产业的供应链稳定性。

其次，我们应鼓励国内企业加强国际合作，共同推动种猪生产和养殖技术的提升。通过科技合作，我们可以增强全球种猪生产和供应体系的稳定性和可持续性。这样不仅可以提高我国种猪产业的育种水平，也有助于推动全球种猪产业的健康发展。

最后，我们引进优秀种源的同时，必须重视并坚持本土化育种工作。要充分利用我国丰富的地方猪种资源，开发适合我国气候和环境的本地化品种。这是确保我国生猪产业长期稳定发展的关键所在。通过本土化育种工作，我们可以培育出适应我国环境、抗病性强、肉质优良的种猪品种，为我国生猪产业的长远发展提供坚实的保障。

在此基础上，我们还应加强对外交流与合作，学习国际先进的育种技术和管理经验，不断提升我国生猪产业的竞争力。同时，政府应加大对相关企业和研究机构的扶持力度，通过提供税收优惠、资金补贴等政策措施，推动我国生猪产业的科技创新和产业升级。只有通过多管齐下、共同努力，才能确保我国生猪市场的稳定和生猪产业的健康发展。

第九章

畜牧产品市场情况

为了更深入地了解 2022 年生猪市场的动态和发展趋势，我们需要对作为替代品的牛、羊、鸡、兔等其他畜禽产品的市场情况进行全面的考察。这种全面的视角能帮助我们更好地理解整个畜牧产业环境的全貌，从而更好地把握生猪市场的机遇与挑战。

第一节　主要畜产品价格情况

根据图 9-1 和图 9-2 的数据，首先我们来看牛肉市场。2022年，全球牛肉市场仍然保持稳定状态，消费者对牛肉的需求持续增长。虽然价格有所波动，但整体上，高品质的牛肉价格仍然坚挺。这表明，尽管生猪市场存在不确定性，但消费者对优质肉类产品的需求并未减少，这给生猪市场的发展提供了潜在的机遇。

在羊肉市场方面，由于消费者对健康食品的需求增加，特别是那些含高蛋白、低脂肪的肉类，因而羊肉的需求也在逐年增长。尽管羊肉价格在 2022 年有所上涨，但因为其独特的营养价值和消费者对健康食品的追求，预计羊肉市场在未来几年内将持续增长。

至于鸡肉市场，由于其高蛋白、低脂肪、低胆固醇的优点，以

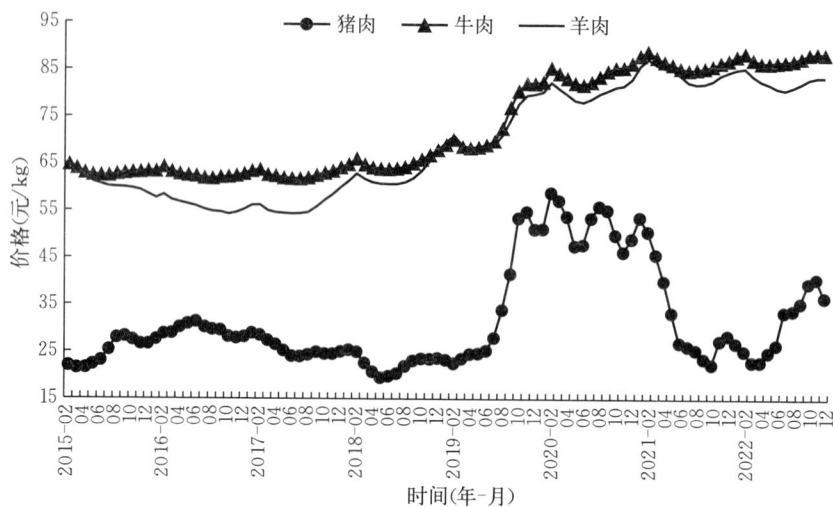

图 9-1　2015—2022 年猪肉、牛肉、羊肉价格走势

数据来源：国家统计局。

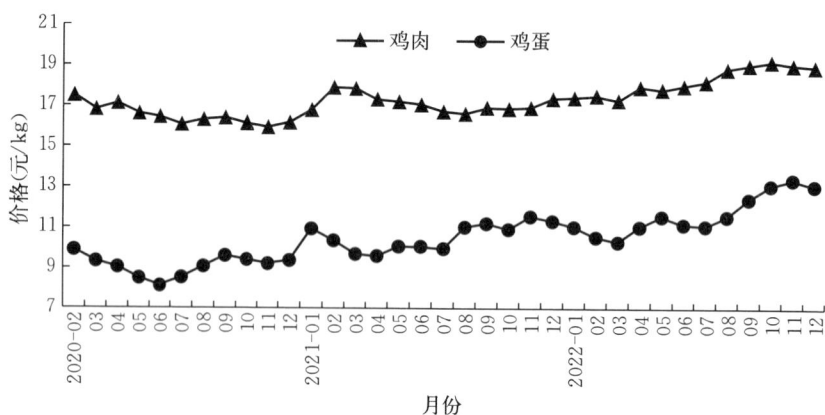

图 9-2　2020 年 2 月至 2022 年 12 月鸡蛋、鸡肉价格走势

数据来源：国家统计局。

及在保持健康饮食方面的作用，一直受到消费者的喜爱。2022 年，尽管鸡肉供应充足，价格相对稳定，但消费者对鸡肉质量的要求却在不断提高。这也将对生猪市场产生影响，因为生猪养殖和鸡肉生

产之间存在直接的竞争关系。

最后是兔肉市场。兔肉因其高蛋白、低脂肪、低胆固醇的特性而受到消费者的青睐。然而，由于兔肉生产成本高，产量小，价格相对较高，因此在市场中并未占据主导地位。尽管如此，兔肉市场的稳定增长仍可能对生猪市场产生影响，因为兔肉和生猪养殖在资源利用和生产成本上有一定的相似性。

在过去几年里，猪肉价格的波动幅度相对较大，而牛、羊肉价格的波动幅度相对较小。这种趋势在2015—2022年的8年间得到了持续验证。2022年，猪肉价格经历了一次先下跌后上涨的走势，这主要是由于多种因素的影响造成的。

尽管猪肉供应量有所增加，但春节后终端消费量却出现了惯性回落。由于消费量下降，猪肉价格受到了压力，进而导致了前四个月的猪肉价格缓慢下跌。然而，从5月份开始，猪价开始探底回升，并一直持续到年末。这一趋势主要受到了猪肉供应变化、消费情绪的带动以及政策性调控等有利因素的影响。

与此同时，牛、羊肉价格的变动则相对平稳，其波动幅度较小。尽管期间也存在一些波动，但总体来说，牛、羊肉价格的变动趋势较为平缓。这种相对平稳的趋势主要是由于牛、羊肉供应量相对稳定，以及消费者对牛、羊肉的需求相对稳定。

观察鸡肉和鸡蛋价格的走势，可以发现它们都呈现出了明显的周期性波动特征。这种周期性波动特征的产生，主要是由于养鸡行业的生产周期相对较短，活鸡和鸡蛋的产量高度相关所导致的。

由于价格波动对生产决策具有重要影响，养鸡行业生产者对于鸡肉和鸡蛋价格的波动会做出相应的反应。例如，当鸡肉价格上升时，养鸡者会增加鸡肉的产量，而减少鸡蛋的产量；当鸡蛋价格上升时，养鸡者会增加鸡蛋的产量，而减少鸡肉的产量。这种产量的调整，又会进一步影响鸡肉和鸡蛋价格的变化。

市场交易中的鸡肉和鸡蛋价格紧密关联，也反映了这种相关性。当鸡肉价格上升时，消费者会更倾向于购买价格相对较低的鸡蛋，而减少对鸡肉的需求；反之，当鸡蛋价格上升时，消费者会更倾向于购买价格相对较低的鸡肉，而减少对鸡蛋的需求。这种需求的变化，也会对鸡肉和鸡蛋价格产生影响。

综上所述，鸡肉和鸡蛋价格的周期性波动特征，主要是由于养鸡行业生产周期短、产量高度相关所导致的。价格波动对生产决策具有重要影响，也反映了这种相关性。因此，对于养鸡行业从业者来说，需要密切关注鸡肉和鸡蛋价格的走势，及时作出相应的生产调整，以应对市场变化。

第二节　主要畜禽产品生产情况

猪肉在肉类产品中占据主导地位。根据表 9－1 的数据，2005—2018 年猪肉产量占肉类总产出的 60％以上，2019 年和 2020 年该比例略有下降，分别为 54.85％和 53.09％。然而，在 2021—2022 年，猪肉产量占比逐渐回升，比重接近六成。相比之下，牛肉和羊肉由于价格相对较高，以及我国大部分居民的饮食习惯等原因，产量占比一直处于较低水平，增长也较为缓慢。2022 年，牛肉和羊肉的产量占肉类总产出的比重分别为 7.78％和 5.69％。

随着我国居民收入水平的提高和生活条件的改善，居民对牛奶的消费需求逐渐旺盛。根据表中数据，2022 年我国牛奶产量为 3 932 万 t，同比增长 6.77％。此外，禽类产量占比逐渐上升，其中禽肉产量占比为 14.40％，增长 7.62％。总体来看，我国肉类产品产量呈现多元化发展态势，猪肉、牛肉、羊肉和禽类产量占比逐渐趋于平衡。未来，我国肉类产品产量将继续保持稳定增长，为满足人民群众日益增长的需求提供有力保障。

表 9 - 1　2005—2022 年各种肉类历年产量（万 t）

年份	肉类	猪肉	牛肉	羊肉	牛奶	禽蛋	水产品
2005	6 938.9	4 555.3	568.1	350.1	2 753.4	2 438.1	4 419.9
2006	7 089.0	4 650.5	576.7	363.8	2 944.6	2 424.0	4 583.6
2007	6 865.7	4 287.8	613.4	382.6	2 947.1	2 546.7	4 747.5
2008	7 278.7	4 620.5	613.2	380.3	3 010.6	2 699.6	4 895.6
2009	7 649.8	4 890.8	635.5	389.4	2 995.1	2 751.9	5 116.4
2010	7 925.8	5 071.2	653.1	398.9	3 038.9	2 776.9	5 373.0
2011	7 965.1	5 053.1	647.5	393.1	3 109.9	2 830.4	5 603.2
2012	8 387.2	5 342.7	662.3	401.0	3 174.9	2 885.4	5 502.1
2013	8 535.0	5 493.0	673.0	408.0	3 000.8	2 905.5	5 744.2
2014	8 706.7	5 671.0	689.0	428.0	3 159.9	2 930.3	6 001.9
2015	8 625.0	5 486.5	700.1	440.8	3 179.8	3 046.1	6 211.0
2016	8 628.3	5 425.5	616.9	460.3	3 064.0	3 160.5	6 379.5
2017	8 654.4	5 451.8	634.6	471.1	3 038.6	3 096.3	6 445.3
2018	8 624.6	5 403.7	644.1	475.1	3 074.6	3 128.3	6 457.7
2019	7 758.8	4 255.3	667.3	487.5	3 201.2	3 309.0	6 480.4
2020	7 748.4	4 113.3	672.4	492.3	3 440.1	3 467.8	6 549.0
2021	8 990.0	5 295.9	697.5	514.1	3 682.7	3 408.8	6 690.3
2022	9 227.0	5 541.0	718.0	525.0	3 932.0	3 456.0	6 869.0

数据来源：历年《中国统计年鉴》；国家统计局。

通过对历年数据的分析（表 9 - 2），自 1978 年以来，我国畜牧业的生产总值呈现强劲增长。然而，畜牧业占整体经济的比重经历了一些波动，总体上呈现震荡上升趋势。从 1978—2008 年，畜牧业占比增长迅速，从 1978 年的 14.98％上升到 2008 年的 35.45％。此后，畜牧业所占的比重开始下滑，由 2009 年的 32.35％下降至 2018 年的 25.27％。然而，在 2019—2020 年，这一比例有所回升。到 2021 年，畜牧业产值所占的比重回升至 27.15％。

表 9 - 2　历年我国畜牧业历年生产总值变化

年份	农林牧渔业生产总值（亿元）	农业生产总值（亿元）	林业生产总值（亿元）	畜牧业生产总值（亿元）	渔业生产总值（亿元）	畜牧业比重（％）
1978	1 397	1 118	48	209	22	14.98
1980	1 923	1 454	81	354	33	18.42
1985	3 620	2 506	189	798	126	22.06
1990	7 662	4 954	330	1 967	411	25.67
1995	20 341	11 885	710	6 045	1 701	29.72
2000	24 916	13 874	937	7 393	2 713	29.67
2005	39 451	19 613	1 426	13 311	4 016	33.74
2006	40 811	21 522	1 611	12 084	3 971	29.61
2007	48 652	24 445	1 890	16 069	4 428	33.03
2008	57 421	27 680	2 180	20 354	5 138	35.45
2009	59 311	29 984	2 324	19 185	5 515	32.35
2010	67 763	35 909	2 575	20 461	6 263	30.19
2011	78 837	40 340	3 092	25 194	7 337	31.96
2012	86 342	44 846	3 407	26 491	8 404	30.68
2013	93 174	48 944	3 847	27 572	9 254	29.59
2014	97 823	51 851	4 190	27 963	9 878	28.59

（续）

年份	农林牧渔业生产总值（亿元）	农业生产总值（亿元）	林业生产总值（亿元）	畜牧业生产总值（亿元）	渔业生产总值（亿元）	畜牧业比重（%）
2015	101 894	54 205	4 358	28 649	10 339	28.12
2016	106 479	55 660	4 636	30 461	10 893	28.61
2017	109 332	58 060	4 981	29 361	11 577	26.86
2018	113 580	61 453	5 433	28 697	12 132	25.27
2019	123 968	66 066	5 776	33 064	12 572	26.67
2020	137 782	71 748	5 962	40 267	12 776	29.22
2021	147 013	78 340	6 508	39 911	14 507	27.15
2022	156 066	84 439	6 821	40 652	15 468	26.05

数据来源：历年《中国统计年鉴》。

尽管畜牧业比重存在一定波动，但总体来看，我国畜牧业在国民经济中仍具有重要地位，这也反映了我国农业和农村经济发展的整体趋势。畜牧业的发展受多种因素影响，如市场需求、政策环境、资源状况等。因此，在未来的发展中，应综合考虑各种因素，制定科学合理的发展战略，促进畜牧业的持续稳定发展。

根据表 9-3 的数据，对于除猪以外的主要牲畜，如牛、马、驴、骆驼、骡子和羊的存栏量各自展现出不同的趋势。

马、驴和骡的存栏量明显下滑，这暗示着这些物种的养殖数量正在减少。羊的存栏量在 2012 年后波动较大，但总体上呈现上升趋势，这可能表明羊的养殖业正在逐渐繁荣。此外，骆驼的存栏量在过去的五年里保持了缓慢上升的趋势，这显示了骆驼的养殖业在稳步发展。最后，牛的存栏量则呈现出小幅度波动，但近年来整体上呈稳步上升态势，表明牛的养殖业也正在繁荣发展。

表 9-3 历年大牲畜年底存栏情况

年份	牛 （万头）	马 （万匹）	驴 （万头）	骡 （万头）	骆驼 （万只）	猪 （万头）	羊 （万只）
1980	7 168	1 104	775	417	61	30 543	18 731
1990	10 288	1 017	1 120	549	46	36 241	21 002
2000	12 353	877	923	453	33	41 634	27 948
2005	10 991	740	777	360	27	43 319	29 793
2006	10 503	719	731	345	27	41 854	28 338
2007	10 397	647	639	291	24	43 933	28 607
2008	10 068	595	600	244	23	46 433	28 824
2009	10 036	562	540	220	23	47 177	29 063
2010	9 820	530	510	192	23	46 765	28 730
2011	9 384	515	485	171	24	47 075	28 664
2012	9 137	465	462	159	24	48 030	28 513
2013	8 986	432	426	138	27	47 893	28 935
2014	9 007	416	384	117	28	47 160	30 391
2015	9 056	397	342	104	30	45 803	31 174
2016	8 834	351	259	85	30	44 209	29 931
2017	9 039	344	268	81	32	44 159	30 232
2018	8 915	347	253	76	34	42 817	29 714
2019	9 138	367	260	71	41	31 041	30 072
2020	9 562	367	232	62	41	40 650	30 655
2021	9 817	372	197	54	46	44 922	31 969
2022	10 216	367	174	49	54	45 256	32 627

数据来源：历年《中国统计年鉴》；国家统计局。

基于表 9-4，2022 年我国猪肉、牛肉和羊肉的产量分别为 554.8 万 t、718.3 万 t 和 524.3 万 t。在猪肉产量方面，四川省以 478

万 t 的成绩位列全国第一，其次是湖南省和河南省，分别贡献了 457.9 万 t 和 434.9 万 t。而在牛肉产量方面，内蒙古以 71.9 万 t 的成绩在全国拔得头筹，山东和河北紧随其后，分别完成了 60.4 万 t 和 58.1 万 t。在羊肉产量方面，内蒙古以 110.2 万 t 的产量居于榜首，新疆和河北则紧随其后，分别生产了 60.7 万 t 和 36.9 万 t。

值得注意的是，北京和上海在全国牛、羊肉产量方面排名垫底，牛、羊肉产量仅为 0.47 万 t 和 0.51 万 t。此外，西藏在猪肉、牛肉和羊肉产量方面均为全国最低的地区，分别只有 1.3 万 t、1.4 万 t 和 4.5 万 t。而北京则在猪肉、牛肉和羊肉产量方面是全国最低的地区，分别仅有 1.3 万 t、0.47 万 t 和 2.1 万 t。

表 9 - 4　2022 年各地区主要畜禽产品以及水产品产量（万 t）

地区	猪肉	牛肉	羊肉	牛奶	禽蛋	水产品
北京	2.8	0.4	0.2	26.2	8.7	22.1
天津	16.7	2.9	1.0	51.1	20.2	28.1
河北	273.4	58.1	36.9	546.7	398.4	112.4
山西	92.4	9.1	11.2	142.8	118.0	5.3
内蒙古	73.7	71.9	110.2	733.8	62.6	10.9
辽宁	242.6	32.3	6.7	134.7	315.8	489.2
吉林	150.1	44.3	8.3	29.3	95.8	25.1
黑龙江	191.8	52.7	15.2	501.2	107.8	73.5
上海	8.3	0.0	0.2	30.2	4.6	25.5
江苏	179.4	2.9	7.2	68.8	233.4	504.9
浙江	71.4	1.5	2.4	19.6	31.7	621.7
安徽	248.3	11.7	22.5	50.7	186.7	245.5
福建	128.1	2.7	2.3	21.5	59.8	861.4
江西	249.9	17.1	3.1	7.9	68.4	283.2

（续）

地区	猪肉	牛肉	羊肉	牛奶	禽蛋	水产品
山东	368.4	60.4	33.7	304.4	438.1	881.3
河南	434.9	36.7	29.0	213.2	456.2	94.2
湖北	331.7	16.3	10.5	9.2	208.0	500.4
湖南	457.9	21.6	18.2	7.2	117.5	272.6
广东	279.8	4.5	2.0	19.8	47.2	894.0
广西	262.7	14.9	4.3	13.1	29.3	365.7
海南	33.9	2.0	1.1	0.3	5.9	170.3
重庆	150.0	8.0	6.9	3.2	50.5	56.6
四川	478.0	38.6	27.4	70.8	175.5	172.1
贵州	178.8	22.8	4.7	3.7	33.6	26.8
云南	393.2	43.6	21.7	69.0	43.3	67.9
西藏	1.8	21.4	5.1	53.3	1.1	0.0
陕西	101.6	8.9	10.2	107.9	63.6	17.4
甘肃	67.9	27.2	36.5	91.8	21.6	1.4
青海	6.3	21.9	12.4	35.1	1.5	1.9
宁夏	9.0	12.5	12.5	342.5	13.2	17.0
新疆	57.0	49.4	60.7	222.6	38.2	17.3

数据来源：中国统计年鉴 2023。

第三节　2022 年世界畜禽产品生产及贸易情况评估

猪肉的世界生产情况以及贸易情况在本书附录中展示。

依据表 9-5 的数据，美国、巴西、中国的牛肉产量在 2022 年均有小幅增长，而欧盟的牛肉产量在 2022 年则有小幅下降，降幅为 2.47%。从近几年的数据来看，世界排名前几位的主要牛肉生产国的历年产量虽有小幅波动，但总体比较稳定。历年产量的轻微波动变化可能受到全球供应链变化、天气影响以及当地市场需求等多种因素的影响。需要进一步的分析和研究来确定根本原因。

表 9-5　2019—2022 年世界主要牛肉生产国家（地区）牛肉产量（万 t）

国家（地区）	2019 年	2020 年	2021 年	2022 年
美国	1 239	1 239	1 273	1 289
巴西	1 005	998	975	1 035
中国	667	672	698	718
欧盟	696	690	688	671
阿根廷	313	317	300	314
墨西哥	203	208	213	218
澳大利亚	243	212	190	188
加拿大	134	131	139	140
新西兰	71	73	75	73
英国	91	92	88	90
日本	47	47	48	49
韩国	29	29	30	33
其他国家	1 116	1 060	1 122	1 116
总计	5 854	5 770	5 840	5 933

数据来源：USDA。

根据表 9-6、表 9-7 对牛肉的进口数据的分析，2022 年，中国继续保持着世界上最大的牛肉进口地位，其进口量占全球牛肉进口总量的 33.91%，与上一年的数据基本持平。美国和日本则分别占据第二和第三大牛肉进口国的位置，其进口量分别占全球进口总量的 15.50% 和 7.75%。尽管国外进口量都有小幅度的增长，但整

体上，2022 年主要牛肉进口国家的牛肉进口量相比上一年变化幅
度不大。

表 9 - 6 2019—2022 年世界主要国家（地区）牛肉进口量（万 t）

国家（地区）	2019	2020	2021	2022
中国	218	278	302	350
美国	139	152	152	154
日本	85	83	81	78
韩国	55	55	59	60
英国	41	40	39	40
欧盟	44	35	32	40
阿根廷	1.7	1.4	0.8	0.7
澳大利亚	1.5	1.7	2.4	2.4
巴西	4.3	5	6.2	7.2
加拿大	20	25	21	21
新西兰	1.4	1.2	1	1.1
墨西哥	19	16	17	17
其他国家	244	224	244	240
总计	908	969	995	1 023

数据来源：USDA。

表 9 - 7 2019—2022 年世界主要国家（地区）牛肉出口量（万 t）

国家（地区）	2019	2020	2021	2022
美国	137	134	156	161
阿根廷	76	82	74	82
澳大利亚	174	147	129	124

（续）

国家（地区）	2019	2020	2021	2022
巴西	231	254	232	290
加拿大	53	51	59	58
中国	2	2	2	2
欧盟	70	71	68	62
日本	0.6	0.7	1	1
墨西哥	32	34	36	40
新西兰	62	63	69	64
英国	18	16	14	17
其他国家	281	268	305	300
总计	1 138	1 123	1 144	1 202

数据来源：USDA。

　　而在牛肉出口方面，巴西、美国和澳大利亚是世界三大牛肉出口国，2022年，这三国的出口量共占全球牛肉出口总量的47.84%。值得注意的是，巴西在2022年的牛肉出口量大幅增长，增长幅度达到25%，从近几年的数据看，巴西、美国、澳大利亚、阿根廷在全球牛肉出口市场上的主体地位比较稳固，其出口量一直占据全球总量的较大比重。

　　总的来说，中国是全球牛肉贸易的重要参与者和影响者。而巴西、美国和澳大利亚作为全球主要的牛肉出口国，其出口量的增长对全球牛肉市场有着重要的影响。同时，这些国家的牛肉出口增长也反映出他们在全球牛肉贸易中的地位和影响力逐渐提升。

　　在这个全球化的食品生产领域，美国、巴西和中国的鸡肉产量占据了领先地位。这些国家不仅在产量上保持了较高的水平，而且它们的市场份额还在逐步扩大。此外，尽管美国的鸡肉产量在2022 年略有上升，但这个增长趋势仍然引起了一些业内人士的关注。一些专家指出，尽管鸡肉产量的增长幅度较小，但这仍然是一个重要的趋势变化，表明消费者对于鸡肉的需求并未减弱。然而，泰国的鸡肉产量增长速度让人眼前一亮。相较于其他主要鸡肉生产国，泰国的鸡肉产量增长速度较快，这得益于其独特的生产方式和市场需求（表 9 - 8）。

表 9 - 8　2019—2022 年世界主要鸡肉生产国家（地区）鸡肉产量（万 t）

国家（地区）	2019	2020	2021	2022
安哥拉	3	3	4	5
巴西	1 369	1 388	1 450	1 447
加拿大	133	131	133	137
中国	1 380	1 460	1 470	1 430
古巴	2	1	1	1
欧盟	1 084	1 103	1 084	1 097
伊拉克	22	23	25	25
日本	172	175	178	178
韩国	95	96	94	93
墨西哥	360	373	382	394
菲律宾	145	131	134	144
沙特阿拉伯	80	90	91	91
南非	140	154	158	158
泰国	330	325	322	330
英国	173	178	184	182
美国	1 994	2 026	2 039	2 099
其他国家	2 250	2 326	2 373	2 397
总计	9 732	9 981	10 120	10 206

数据来源：USDA。

从鸡肉的进口情况看，2022 年，日本是世界上鸡肉进口量最大的国家，占比为 9.90％，同比上升 1.85％；其次是墨西哥，占比 8.28％，同比 2022 年进口量与上一年持平；英国鸡肉进口量排在第三，进口量占世界鸡肉进口总量的 8.10％，进口量较上一年有大幅增长，增长 30.43％；而中国则排在第五，进口量占比 5.67％。2022 年鸡肉进口量增长幅度较大的国家有安哥拉（34.62％）、英国（30.43％）和伊拉克（25.64％）（表 9 - 9）。从鸡肉的出口情况来看，巴西和美国的鸡肉出口量分别位列世界的前两位，占比分别为 32.89％和 24.54％。2022 年，鸡肉出口量涨幅较大的国家有韩国、墨西哥和沙特阿拉伯，同比上涨分别为 75％、42.86％和 25％（表 9 - 10）。

表 9 - 9　**2019—2022 年世界主要国家（地区）鸡肉进口量（万 t）**

国家（地区）	2019	2020	2021	2022
安哥拉	27	21	26	35
巴西	0.5	0.5	0.5	0.5
加拿大	17	19	18	19
中国	58	100	79	63
古巴	29	26	35	34
欧盟	77	66	65	70
伊拉克	49	47	39	49
日本	108	101	108	110
韩国	19	17	18	22
墨西哥	88	84	92	92
菲律宾	37	34	44	50
沙特阿拉伯	60	62	62	59

（续）

国家（地区）	2019	2020	2021	2022
南非	49	43	37	32
泰国	0.2	0.2	0.2	0.1
英国	79	73	69	90
美国	6	6	7	8
其他国家	345	359	385	377
总计	1 047	1 059	1 083	1 111

数据来源：USDA。

表 9 - 10　2019—2022 年世界主要国家（地区）鸡肉出口量（万 t）

国家（地区）	2019	2020	2021	2022
安哥拉	0	0	0	0
巴西	394	388	423	445
加拿大	12	13	13	11
中国	43	39	46	53
古巴	0	0	0	0
欧盟	215	204	184	173
伊拉克	0	0	0	0
日本	0.7	0.8	0.5	0.4
韩国	5	6	4	7
墨西哥	0.6	0.7	0.7	1
菲律宾	0	0	0	0
沙特阿拉伯	4	3	4	5
南非	5	5	5	6

（续）

国家（地区）	2019	2020	2021	2022
泰国	96	94	91	102
英国	38	44	36	27
美国	326	338	335	332
其他国家	171	177	186	192
总计	1 310	1 312	1 329	1 353

数据来源：USDA。

第十章

生猪产业政策

叠加非洲猪瘟疫情和新冠疫情影响，我国生猪养殖行业在2019年和2020年出现产能下滑，由于供需失衡，猪肉价格高企，进入2021年，随着生猪产能逐步恢复，猪肉市场供应相对充裕，价格明显回落。国家政府部门出台各类政策，通过多方面保障猪肉价格和生猪产能的稳定，不断提升生猪产业的发展质量和竞争力，确保生猪产业的健康可持续发展。

第一节　产业发展政策

2019年以来，针对生猪产能严重下滑、猪肉价格大幅上涨等严峻形势，在党中央、国务院决策部署下，各地区各有关部门出台了一系列稳定生猪生产、保障市场供应的政策措施，逐步将生猪生产恢复到常年水平。但长期困扰生猪产业发展的产能大幅波动问题尚未根本破解，产能恢复后市场价格再度陷入低迷，部分生猪养殖场（户）亏损。为巩固生猪产能恢复成果，防止产能大幅波动，促进生猪产业持续健康发展，经国务院同意，2021年8月5日，农业农村部、国家发展改革委、财政部、生态环境部、商务部、银保监会等 6 部门联合印发《关于促进生猪产业持续健康发展的意见》。

《意见》遵循精准调控，稳定发展；市场导向，有序发展；重点突破，转型发展的工作原则。计划用 5～10 年时间，实现基本形成产出高效、产品安全、资源节约、环境友好、调控有效的生猪产业高质量发展新格局，产业竞争力大幅提升，疫病防控能力明显增强，政策保障体系基本完善，市场周期性波动得到有效缓解，猪肉供应安全保障能力持续增强，自给率保持在 95％左右的工作目标。

《意见》提出了多项稳定生猪生产长效性的支持政策。一是稳定生猪贷款政策。银行业、金融机构要及时总结各地试点经验，加快推广土地经营权、养殖圈舍、大型养殖机械和生猪活体抵押贷款。对符合授信条件但暂时经营困难的生猪养殖场（户）和屠宰加工企业，不得随意限贷、抽贷、断贷。支持将符合农业发展银行职能定位和政策性业务标准的生猪养殖相关贷款按程序纳入政策性业务范围。二是完善生猪政策性保险。深入推进生猪养殖保险，稳定能繁母猪、育肥猪保险保额，根据生产成本变动对保额进行动态调整，增强保险产品吸引力，实现养殖场（户）愿保尽保。鼓励和支持有条件的地方开展并扩大生猪收入保险，进一步提升保障水平、降低经营风险。开展病死猪无害化处理与保险联动机制建设试点，建立健全有关部门和保险机构的信息共享机制。三是持续优化环境管理服务。加强对畜禽养殖禁养区的动态监测，各地不得超越法律法规规定随意扩大禁养区范围，不得以行政手段对养殖场（户）实施强行清退，切实保障养殖场（户）合法权益。深入推进生猪规模养殖项目环评"放管服"改革，继续对年出栏 5 000 头以下的生猪养殖项目实行备案管理、对年出栏 5 000 头及以上和涉及环境敏感区的生猪养殖项目按规定实行审批。

《意见》指出要建立生猪生产逆周期调控机制。一是由农业农村部、财政部等按职责分工负责，保持能繁母猪合理存栏水平。"十四五"期间，全国能繁母猪存栏量稳定在 4 300 万头左右、最低保有量不少于 4 000 万头。二是由农业农村部负责，稳定规模猪场存量。年出栏 500 头以上的规模养殖场（户）纳入全国生猪养殖场系统备案，动态监测其生产经营情况，保持规模养殖场（户）数量总体稳定。三是由农业农村部、财政部等按职责分工负责，建立生猪产能分级调控责任制。四是由农业农村部、财政部、人民银行等按职责分工负责，强化政策调控保障。当本省（自治区、直辖市）能繁母猪存栏量月度同比减少 10% 或生猪养殖连续严重亏损 3 个月以上时，各地可按规定统筹相关资金对规模养殖场（户）给予一次性临时救助补贴。

《意见》指出要通过强化全产业链监测预警，抓好生猪疫病防控，加强猪肉储备调节等措施建立完善生猪稳产保供综合应急体系。

《意见》强调持续推进生猪产业现代化。一是由农业农村部、财政部等按职责分工负责，实现协同推进规模养殖场和中小养殖场（户）发展；二是由农业农村部、国家发展和改革委员会、财政部等按职责分工负责，建设现代生猪种业；三是由农业农村部、国家发展和改革委员会、商务部等按职责分工负责，优化生猪屠宰加工布局。四是由农业农村部、国家发展和改革委员会、生态环境部等按职责分工负责，加快养殖废弃物资源化利用。

第二节　鼓励支持政策

在农业生产和农村建设方面，党的十九届五中全会审议通过的《中共中央关于制定国民经济和社会发展第十四个五年规划和二〇三五年远景目标的建议》（以下简称《建议》），对新发展阶段优先发展农业农村、全面推进乡村振兴作出总体部署，为做好当前和今后一个时期"三农"工作指明了方向。

《建议》中提出目标：到 2025 年，农业农村现代化取得重要进展，农业基础设施现代化迈上新台阶，农村生活设施便利化初步实现，城乡基本公共服务均等化水平明显提高。农业基础更加稳固，粮食和重要农产品供应保障更加有力，农业生产结构和区域布局明显优化，农业质量效益和竞争力明显提升，现代乡村产业体系基本形成，有条件的地区率先基本实现农业现代化。脱贫攻坚成果巩固拓展，城乡居民收入差距持续缩小。农村生产生活方式绿色转型取得积极进展，化肥农药使用量持续减少，农村生态环境得到明显改善。乡村建设行动取得明显成效，乡村面貌发生显著变化，乡村发展活力充分激发，乡村文明程度得到新提升，农村发展安全保障更加有力，农民获得感、幸福感、安全感明显提高。

《建议》明确，实现巩固拓展脱贫攻坚成果同乡村振兴有效衔接。包括设立衔接过渡期、持续巩固拓展脱贫攻坚成果、接续推进脱贫地区乡村振兴、加强农村低收入人口常态化帮扶等。

《建议》提出，加快推进农业现代化。包括提升粮食和重要农产品供给保障能力、加强农业种质资源保护开发利用，加快第三次农作物种质资源、畜禽种质资源调查收集，加强国家作物、畜禽和海洋渔业生物种质资源库建设。坚决守住 1.2 hm² 耕地红线、强化现代农业科技和物质装备支撑、构建现代乡村产业体系、推进农业绿色发展、推进现代农业经营体系建设等。

《建议》要求，大力实施乡村建设行动。包括加快推进村庄规划工作、加强乡村公共基础设施建设、提升农村人居环境、提升农村基本公共服务水平、全面促进农村消费、加快县域内城乡融合发展、强化农业农村优先发展投入保障、深入推进农村改革等措施。

最后《建议》还指出加强党对"三农"工作的全面领导。具体从强化五级书记抓乡村振兴的工作机制、加强党委农村工作领导小组和工作机构建设、加强党的农村基层组织建设和乡村治理、加强新时代农村精神文明建设、健全乡村振兴考核落实机制等方面开展工作。

第三节　市场调控政策

为贯彻落实《农业农村部、国家发展和改革委员会、财政部、生态环境部、商务部、银保监会关于促进生猪产业持续健康发展的意见》，2021 年 9 月 19 日农业农村部制定并发布了《生猪产能调控实施方案（暂行）》

《方案》提出，以能繁母猪存栏量变化率为核心调控指标，坚持预警为主、调控兜底、及时介入、精准施策的原则，落实生猪稳产保供由省负总责和落实"菜篮子"市长负责制，逐级压实责任，细化"三抓两保"（抓产销大省、养殖大县、养殖大场，保能繁母猪存栏量底线、保规模猪场数量底线）任务，分级建立生猪产能调控基地，构建上下联动、响应及时的生猪生产逆周期调控机制，促进生猪产业持续健康发展，不断提升猪肉供应安全保障能力。

《方案》目标主要涉及两个方面，分别是调控能繁母猪存栏量和调控生猪规模养殖产能。

目标一：调控能繁母猪存栏量。具体措施有第一确定能繁母猪保有量，"十四五"期间，以正常年份全国猪肉产量在 5 500 万 t 时的生产数据为参照，设定能繁母猪存栏量调控目标，即能繁母猪正常保有量稳定在 4 100 万头左右，最低保有量不低于 3 700 万头。第二保持能繁母猪合理存栏水平，按照生猪产能调控要求，将能繁母猪存栏量变动划分为绿色、黄色和红色 3 个区域，采取相应的调控措施。绿色区域：产能正常波动，能繁母猪月度存栏量处于正常保有量的 95％～105％区间（含 95％和 105％两个临界值），以市场调节为主，不需要启动调控措施，保持监测预警工作常态化，定期发布监测动态信息。黄色区域：产能大幅波动，能繁母猪月度存栏量处于正常保有量的 90％～95％和 105％～110％区间（含 90％和 110％两个临界值），启动相应调控措施，与市场调节共同作用，促使能繁母猪存栏量回归到正常区间。红色区域：产能过度波动，能繁母猪存栏量低于正常存栏量的 90％或高于正常存栏量的 110％，强化相关调控措施，促使能繁母猪存栏量回归到正常存栏水平。"十四五"期间，国家生猪核心育种场种猪核心群保有量保持在 15 万头以上，最低保有量不低于 12 万头。当核心群保有量处于 12 万～13.5 万头（含临界值）时，特别是低于 12 万头时，及时采取应对措施，加强政策支持，使核心群存栏量尽快回归到合理水平。

目标二：调控生猪规模养殖产能。具体措施有第一确定规模猪场（户）保有量。农业农村部对全国现有年出栏 500 头以上的规模猪场（户）进行全数备案，根据 2021 年 6 月全国生猪规模养殖场监测系统备案规模猪场（户）数量，结合生猪规模养殖发展趋势，确定全国及各省份规模猪场（户）保有量。各地需保持规模猪场（户）数量总体稳定，不得违法拆除，确需拆除的，要安排养殖用地支持其异地重建，并给予合理经济补偿。规模猪场（户）自愿退出的，各地要根据减少的能繁母猪产能情况，新建或改扩建相应产能的规模猪场，确保生猪产能总体稳定。第二分级建立产能调控基地，依托全国生猪规模养殖场监测系统，对各地规模猪场（户）数量进行动态监测，重点监测其生产经营变化情况。对年设计出栏 1 万头以上的规模猪场和国家生猪核心育种场，按照猪场自愿加入并配合开展产能调控的原则，建立国家级生猪产能调控基地，由省级农业农村部门于 2022 年 2 月底前组织完成挂牌工作，此后每年 2 月底前完成上一年度新增基地挂牌和退出基地摘牌。各地可结合实际建立相应层级的生猪产能调控基地并挂牌。产能调控基地依法优先享受相关生猪生产支持政策。鼓励由行业协会组织大型生猪养殖企业组建生猪产能调控联盟，农业农村部适时引导联盟成员合理调节产能，缓解生产周期波动。各地可参照建立相应调控机制。

《方案》要求，各地要建立完善生猪生产和市场监测预警体系，合理引导市场预期，加大政策支持力度，不断提高生猪产能调控能力。农业农村部将定期组织考核各省份生猪产能调控工作落实情况。

实施的保障措施是第一加强监测预警。农业农村部及时发布生猪生产监测信息，向各省（自治区、直辖市）反馈能繁母猪存栏量和规模猪场（户）保有量等月度数据变化情况。第二强化督导考核。各地应结合实际制定不同层级的生猪产能调控实施方案，并将能繁母猪存栏量和规模猪场（户）保有量等指标任务分解落实。各省份制定的生猪产能调控实施方案经省级人民政府批准后，于 2021 年 11 月底前报农业农村部备案。农业农村部将定期组织考核各省份生猪产能调控工作落实情况，强化考核结果应用。第三加大政策支持。市场波动、自然灾害或突发疫病等因素导致本省份能繁母猪存栏量大幅减少（低于正常保有量 95％）或生猪养殖连续严重亏损（由各省份自行确定标准并监测，原则上每头生猪出栏亏损应大于100元）3个月（含）以上时，可按规定统筹相关资金对规模猪场（户）和种猪场（含地方保种场）给予一次性临时救助补贴。同时，要协调地方法人金融机构扩大和增加对符合条件的生猪养殖场（户）的信贷投放，可按规定统筹相关资金给予贴息补助。各省份可结合实际出台其他调控产能的政策措施。鼓励各省份参照国家生猪调出大县奖励政策，配套出台相应政策措施。

第四节 质量安全政策

2021年9月，农业农村部办公厅发布关于加快生猪种业高质量发展的通知（以下简称《通知》），保障生猪良种质量，提升生猪产业核心竞争力。近年来，我国生猪种业自主创新能力持续提高，良种供给能力不断增强，有力地支撑了现代生猪产业发展。但与世界先进水平相比，我国种猪性能还存在差距，育种基础工作相对薄弱，新技术应用总体滞后，育种机制还不完善。

为促进畜牧业高质量发展、稳定生猪生产以及建设现代种业有关部署要求，加快生猪种业高质量发展，《通知》提出六点要求：

一、加强地方猪遗传资源保护利用

组织开展地方品种登记，实行统一身份信息管理。加快构建地方猪遗传资源DNA特征库，发掘优异基因，提高利用效率。加强地方猪的开发利用，坚持保用结合，以用促保，推动资源优势转化为产业优势。

二、完善生猪种业创新体制机制

加强种猪生产性能测定，完善遗传评估体系，加快基因组选择等育种新技术推广和应用，持续选育提高种猪遗传进展，培育新品种、新品系。多层次、多渠道组织开展育种技术培训，培育一批技术先进、运行规范、服务高效的社会化育种服务组织。

三、着力保障优良种猪供给

完善现代生猪良种繁育体系，提高良种供应能力。加强国家生猪核心育种场管理，实施动态调整。加快种猪场（含地方猪保种场）基础设施升级和改造，提高智能化和信息化水平。完善种猪标准体系建设，鼓励制定地方标准、企业标准、团体标准。加强种猪生产和市场供应统计监测，为生猪生产提供引导，加快生猪良种推广应用。

四、强化种猪市场监管

加强猪遗传资源出境和对外合作研究利用的管理，防止珍贵稀有资源流失。合理引进和科学利用国外优良种猪资源，严格执行种猪及精液进口技术要求，防止低水平重复引进。提高种猪生产经营许可管理水平，严厉打击无证（含过期、超范围）生产经营。加大种猪及精液抽检力度，规范市场行为，督促企业提高产品质量。

五、加大政策支持力度

通过现有资金渠道，统筹支持地方猪保护工作。配合生态环境部规范禁养区划定管理工作，不得擅自、超范围将地方猪保种场、国家生猪核心育种场划入禁养区，对禁养区内确需关停搬迁的，要优先安排用地支持异地重建，先建后拆。按照市场化和风险可控原则，打好保险金融组合拳，积极稳妥开展种猪活体抵押贷款试点。积极发挥现代种业发展基金等引导作用，更好满足生猪种业融资需求。保障符合条件的种猪和仔猪调运，不得层层加码禁运限运。

六、加强组织领导

完善政策支持体系，特别是生猪种业和产业优势省份，要研究出台激励政策，支持企业加快提升科研创新和良种繁育能力。强化宣传培训，讲好生猪种业故事，推广好经验好做法。充分发挥行业协会、产业体系、技术联盟作用，合力促进生猪种业平稳健康发展。

第五节　疫病防治政策

2021年3月17日，农业农村部印发《非洲猪瘟疫情应急实施方案（第五版）》（以下简称《方案》），为适应非洲猪瘟防控新形势新要求，强化常态化防控，指导各地科学规范处置疫情，部署加强非洲猪瘟防控工作，全面提升动物疫病防控能力。

《方案》明确了疫情的报告与确认程序，明确各级单位对疑似非洲猪瘟症状或异常死亡等情况，须立即按规定采取必要措施并上报信息，按照"可疑疫情—疑似疫情—确诊疫情"的程序认定和报告疫情。相关单位在开展疫情报告、调查以及样品采集、送检、检测等工作时，应及时做好记录备查。在生猪运输过程中发现的非洲猪瘟疫情，由疫情发现地负责报告、处置，计入生猪输出地。确诊疫情所在地的省级动物疫病预防控制机构应按疫情快报要求，做好后续报告和最终报告；疫情所在地省级人民政府农业农村（畜牧兽医）主管部门应向农业农村部及时报告疫情处置重要情况和总结。

《方案》根据非洲猪瘟流行特点、危害程度和影响范围，将疫情应急响应分为四级：特别重大（Ⅰ级）疫情响应、重大（Ⅱ级）疫情响应、较大（Ⅲ级）疫情响应、一般（Ⅳ级）疫情响应。规定了不同等级下的各单位部门的应急处置措施。

《方案》规定对发生可疑和疑似疫情的相关场点，所在地县级人民政府农业农村（畜牧兽医）主管部门和乡镇人民政府应立即组织采取隔离观察、采样检测、流行病学调查、限制易感动物及相关物品进出、环境消毒等措施。必要时可采取封锁、扑杀等措施。疫情确诊后，县级以上地方人民政府农业农村（畜牧兽医）主管部门应立即划定疫点、疫区和受威胁区，向本级人民政府提出启动相应级别应急响应的建议，由本级人民政府依法作出决定。

《方案》针对紧急流行病学调查、应急监测、解除封锁和恢复生产、善后处理等工作程序作出详细规定，并要求各级地方人民政府加强对本地疫情防控工作的领导，强化联防联控机制建设，压实相关部门职责，建立重大动物疫情应急处置预备队伍，落实应急资金和物资，对非洲猪瘟疫情迅速作出反应、依法果断处置。

第六节　兽医、兽药管理政策

为切实加强兽药质量安全监管和风险监测工作，不断提高兽药产品质量，有效保障养殖业生产安全和动物产品质量安全，2021年1月，农业农村部办公厅印发《2021年兽药质量监督抽检和风险监测计划》（以下简称《计划》）。

《计划》规定兽药质量监督抽检和风险监测工作，围绕兽药生产、经营、使用环节，重点监督抽检生产经营问题较多的产品，增加高风险品种的抽检和监测数量、频次，覆盖尽可能多的兽药生产企业。

《计划》明确规定了抽样要求、样品确认、检验要求、检验报告送达和结果报送、监督检验结果处理的具体流程和内容。

《计划》针对2021年兽药质量监督抽检和风险监测计划工作提出六点工作要求：一是加强组织领导。各级畜牧兽医主管部门要高度重视兽药质量监督抽检和风险监测工作，加强组织领导和监督管理，创新工作机制，推动实施抽样、检验分离管理制度，提高重点环节、重点企业和重点产品的抽检比例，采取有效措施确保规范采样、严格检验、严厉查处、及时报告，圆满完成全年工作任务。二是加强技术培训。各地要严格按照《兽药监督抽样规定》和《农业行政处罚程序性规定》等要求，加强抽样人员和检验人员的技术培训和指导，严格核查监督抽检兽药贮藏条件、产品有效期、样品基数等内容，规范监督抽样和检验行为，确保监督抽检工作的合法性、真实性、科学性和公正性。三是加强检打联动。各地要深入推进检打联动，严格执行抽检计划规定程序，对监督抽检过程中发现的非法企业和存在违法违规行为的生产经营者，要立即依法立案查处；对监督抽检中发现的假兽药和质量不合格兽药，要第一时间固定证据，开展立案查处工作，切实提高监督抽检工作效能和监督执法效率。四是加强信息报送。各省级畜牧兽医主管部门要加强督促指导，加强本辖区兽药质量监督抽检和信息报送工作。对经认定为假兽药的，一律按照假兽药信息报送，不得作为监督抽检质量不合格产品上报。五是加强结果通报。进一步加强对兽药质量监督抽检结果和检打联动落实情况的通报，将兽药质量监督抽检及假劣兽药查处等工作纳入 2021 年农业农村部加强重大动物疫病防控延伸绩效管理指标体系，对各地假劣兽药查处情况进行通报，并对抽检效果成效显著、落实检打联动制度有力、及时查处非法企业及涉嫌违法的生产经营者、及时准确报送案件查处信息等情况予以通报表扬。六是加强协作配合。各有关单位要各负其责、加强合作，建立健全区域间、部门间沟通协作机制，建立信息通报反馈制度、产区销区联动监管制度、跨省跨地区联合办案制度。

第七节　屠宰管理政策

党中央、国务院高度重视生猪及其产品质量安全问题。现行《生猪屠宰管理条例》（以下简称《条例》）制定于 1997 年。2008年、2011 年、2016 年分别对个别条款进行了三次修正，2021 年 6月 25 日进行了第四次修订。修订后的《生猪屠宰管理条例》自2021 年 8 月 1 日起施行。现行条例颁布实施以来，对加强生猪屠宰管理，解决私屠滥宰问题，保证生猪产品质量安全，让群众吃上"放心肉"，保障人民群众身体健康发挥了重要作用。

修订后的《条例》，重点从三个方面对进一步加强和规范生猪屠宰管理作出规定。

一是完善生猪屠宰全过程管理。《条例》规定，生猪定点屠宰厂（场）应当建立生猪进厂（场）查验登记制度。屠宰生猪应当遵守国家规定的操作规程、技术要求和生猪屠宰质量管理规范，并严格执行消毒技术规范。肉品品质检验应当遵守生猪屠宰肉品品质检验规程。生猪定点屠宰厂（场）应当建立生猪产品出厂（场）记录制度，如实记录出厂（场）生猪产品的名称、规格、检疫证明号、肉品品质检验合格证号、购货者名称和联系方式等内容。生猪定点屠宰厂（场）发现其生产的生猪产品存在不符合食品安全标准、有证据证明可能危害人体健康、染疫或者疑似染疫的，应当及时履行报告、召回等义务，并对召回的生猪产品采取无害化处理等措施，防止其再次流入市场。

二是完善动物疫病防控。《条例》规定，发生动物疫情时，生猪定点屠宰厂（场）应当开展动物疫病检测，做好动物疫情排查和报告，同时对运输车辆的基本情况进行查验、记录。县级以上地方人民政府农业农村主管部门应当按照规定足额配备农业农村主管部门任命的兽医，由其对屠宰的生猪实施检疫，并对检疫结论负责。经检疫不合格的生猪及生猪产品，应当按照国家有关规定处理。国家鼓励生猪养殖、屠宰、加工、配送、销售一体化发展，推行标准化屠宰，支持建设冷链流通和配送体系。

三是完善法律责任。《条例》进一步加大对违法行为的惩处力度，加强行政处罚与追究刑事责任的衔接。规定对违法企业和个人，可以采取责令停业整顿、没收违法所得、罚款直至吊销生猪定点屠宰证书等行政处罚；公安机关依照《食品安全法》的规定，可以对有关人员予以拘留。生猪定点屠宰厂（场）被吊销生猪定点屠宰证书的，其法定代表人（负责人）等 5 年内不得申请生猪定点屠宰证书或者从事生猪屠宰管理活动；因食品安全犯罪被判处有期徒刑以上刑罚的，终身不得从事生猪屠宰管理活动。

第八节　进出口管理政策

国务院关税税则委员会发布的《关于 2022 年关税调整方案的通知》称，2022 年 1 月 1 日起，根据国内产业发展和供需情况变化，在我国加入世界贸易组织承诺范围内，提高部分商品进出口关税。其中，对猪肉等取消进口暂定税率，恢复执行最惠国税率。2020 年，由于国内出现猪肉短缺，进口猪肉关税从 12％调整到了8％。之后猪肉进口一直处于高位，创新历史记录，一直持续到了2021 年上半年。随着 2021 年下半年猪价下跌，猪肉进口也明显下降。提高关税税率将进一步降低猪肉进口量。

猪肉进口方面，随着前期猪肉消费习惯转移，虽然国内生猪存栏量回归至非瘟前水平，但是消费情况可能不及预期，2022 年生猪或较长时间维持供大于求，对于进口猪肉依赖程度有限，预计2022 年猪肉进口量或恢复至非瘟前水平，猪肉进口量或为 200 万 t左右。最后我国猪肉出口量较少，基本以自产自销为主，2019 年以来，年出口量保持在 2.0 万～3.0 万 t，非瘟前出口量保持在 4.0万～5.0 万 t，对于国内生猪供需端来说影响甚小，几乎可以忽略不计。

附 录
世界生猪产业发展情况

根据 2022 年的统计数据，全球猪肉总产量攀升至 10 984.6 万 t，较前一年增长了 2.08%。其中，中国的猪肉产量增长尤为抢眼，涨幅高达 7.37%。不过，从农产品贸易的视角审视，2022 年全球猪肉贸易量却出现了显著的下滑。这一现象主要归因于中国生猪产能的恢复，使得其猪肉进口量同比骤降 58.43%。但值得注意的是，日本与墨西哥的猪肉进口量却呈现小幅增长。

观察全球生猪价格走势，可以发现，2022 年美国生猪价格走势表现为先扬后抑，而欧盟的生猪价格则持续上扬，整年保持在高水平。另外，受到俄乌冲突和极端气候等多重因素的冲击，2022 年国际粮食价格指数也呈现出波动上升的趋势，特别是美国的玉米和大豆价格，同比出现了大幅度的增长。

附录一 生猪生产情况

一、全球猪肉产量微幅攀升

2022 年统计数据显示，全球生猪存栏量已增至 78 421.4 万头，较前一年同期上升了 4.62%。其中，中国、欧盟和美国位列全球存栏量前三，分别占据全球存栏总量的 57.28%、18.06% 和 9.50%。展望 2023 年，我们预计全球生猪存栏总量将迎来温和回升，进而推动全球猪肉产量实现小幅度增长，2016—2022 年世界生猪存栏情况见附图 1。

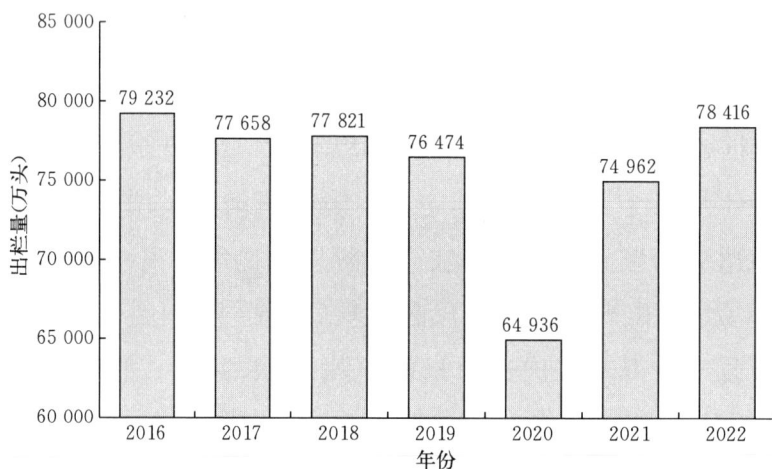

附图 1　2016—2022 年世界生猪存栏情况

数据来源：USDA。

在 2022 年，全球生猪出栏量经历了轻微的缩减，相比上一年同期减少了 0.07%。尽管如此，由各国的具体出栏数据可知（附图 2），中国、欧盟（27 国）及美国这三大主要养猪国家或地区依然占据了全球总出栏量的 83.35%，这一比例与 2021 年相比基本保持稳定。

在这三个国家（地区）中，中国的生猪出栏量所占份额高达全球总量的 52.87%，这充分体现了中国在全球生猪产业中的领导地位。排在中国之后的是欧盟（27 国），其生猪出栏量贡献了全球总量的 19.97%。而美国作为另一个重要的养猪国家，其生猪出栏量占到了全球的 10.52%。

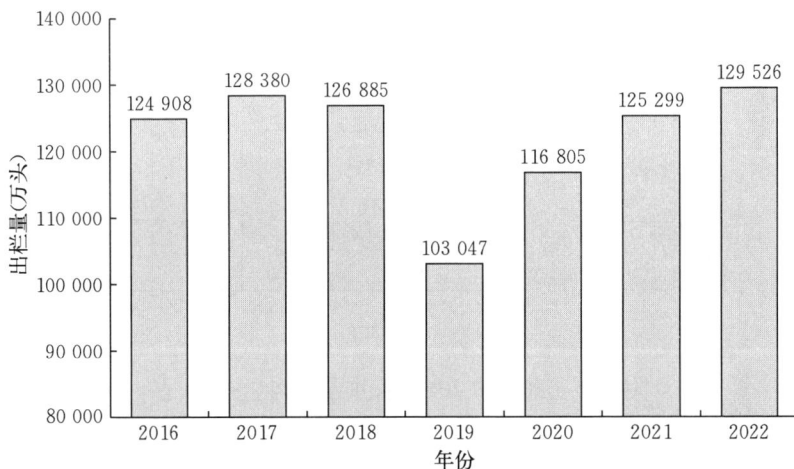

附图2　2016—2022年世界生猪出栏情况

数据来源：USDA。

根据 2022 年的数据（附图3），全球猪肉总产量攀升至 10 984.6 万 t，较 2021 年同期增长了 2.08%。在全球猪肉产量中，中国、欧盟（27 国）和美国是三大主要贡献方，共占据了总量的 78.28%。具体而言，中国的猪肉产量位居榜首，占全球总量的 46.42%，并且实现了 7.37% 的同比增长；欧盟（27 国）紧随其后，产量占比为 20.64%，但受到非洲猪瘟疫情的影响，产量较去年同期下降了 4%；美国的猪肉产量占全球总量的 11.22%，同比微降 1.9%。

2022 年全球猪肉产量的增长，主要归功于中国生猪产能的迅速恢复。但是欧盟（27 国）因非洲猪瘟的影响而产量下滑 4.0%，美国也同样出现了 1.9% 的降幅。另外，巴西和加拿大的猪肉产量也略有减少。值得一提的是，墨西哥因国内需求上升，其猪肉产量呈现小幅增长。

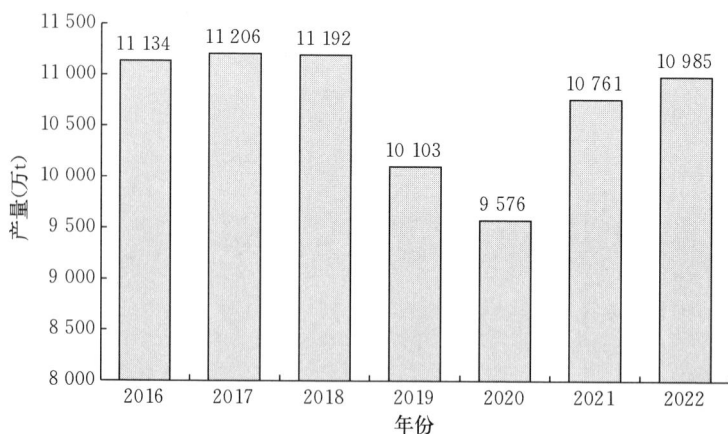

附图 3　2016—2022 年世界猪肉生产情况

数据来源：USDA。

二、美国生猪生产状况

附图 4 显示，2022 年美国生猪存栏量平均值相较于 2021 年下降了 0.34%，降至 7 384.6 万头。在 2022 年第一季度和第二季度，存栏量较 2021 年第一、第二季度有所下降，第三、第四季度有较大回升，第四季度甚至超过 2021 年同期总量。

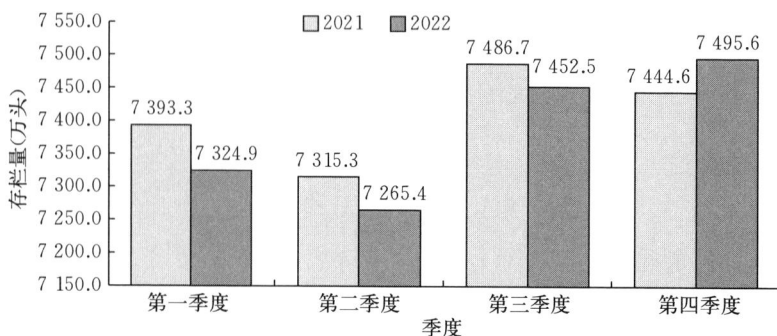

附图 4　2021—2022 年美国生猪季度存栏量

数据来源：USDA。

据 2022 年美国年末最新数据（附图 5），种猪（包含种公猪）的存栏量为 610.4 万头，较去年同期下降了 0.42%。这一数据反映出 2022 年美国生猪产业面临的挑战。2023 年，美国生猪的出栏量和猪肉产量可能会出现下滑。原因如下：

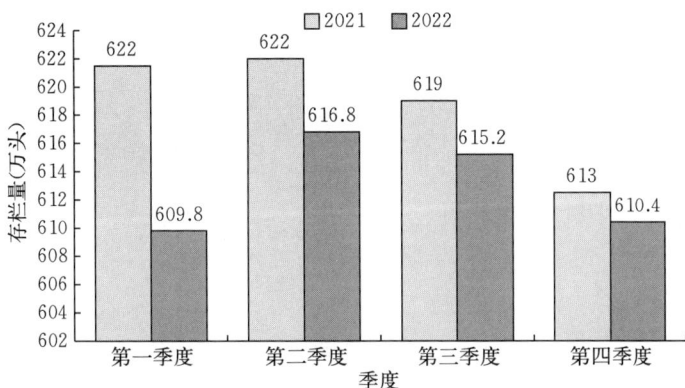

附图 5　2021—2022 年美国种猪季度存栏量

数据来源：USDA。

（一）新冠疫情的影响

2022 年年初，美国猪肉产区出现了大规模的疫情，导致养殖场被迫关闭，猪肉供应短缺，价格大幅上涨。虽然新冠疫情得到了控制，但消费者对于猪肉的需求受到了影响。

（二）饲料成本的上升

2022 年，饲料价格大幅上涨，导致养猪成本增加。由于猪肉价格的下降，养猪场的利润空间受到了压缩，这导致了一些养猪场减少养殖量，甚至关闭。

（三）消费者偏好和消费习惯的变化

近年来，消费者对于猪肉的需求逐渐下降，尤其是在素食主义和健康意识的影响下，消费者对于猪肉的需求更是有一定下降。此外，新冠疫情期间，消费者对于食品的消费习惯也发生了变化，更注重食品的安全和品质。

2022 年美国生猪出栏量在疫情的影响下依然保持增长。全年生猪出栏总量达到 13 337.9 万头，比 2021 年上升了 0.015%。自 2016 年以来至 2018 年，美国生猪出栏量一直维持在较稳定的规模，2019 年猪肉年度产量小幅下降。受新冠疫情影响，2020 年产量进一步萎缩。尽管疫情对生猪出栏量造成了一定的影响，但 2022 年全年的生猪出栏量仍高于 2019 年的水平。此外，2022 年产量比 2017 年最高产量差别非常微小，这表明生猪养殖业近年一直快速发展。（附图 6 和附图 7）。

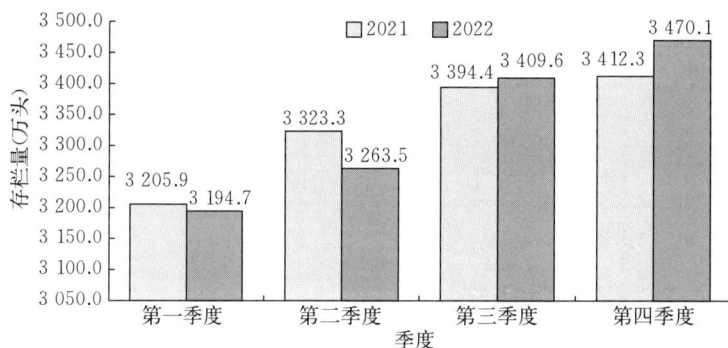

附图 6　2021—2022 年美国生猪季度出栏量

数据来源：USDA。

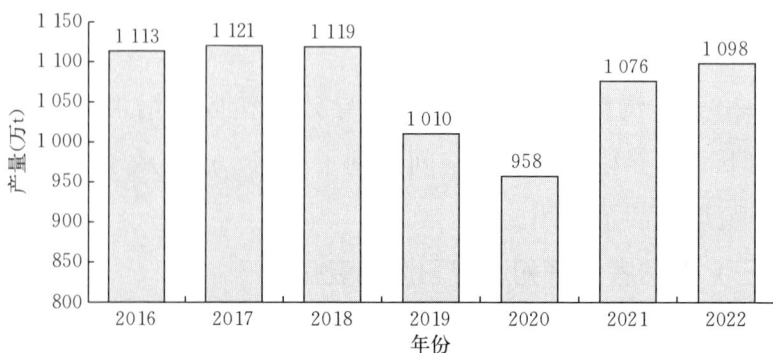

附图 7　2016—2022 年美国猪肉年度产量

数据来源：USDA。

根据提供的数据（附图 8），2022 年美国生猪养殖的年平均每窝生产活仔数与上一年相比基本保持稳定。在这一年中，平均每窝生产活仔数为 11.08 头，较 2021 年仅增长了 0.21%。这一增长虽然相对较小，但仍然是一个积极的趋势，表明美国生猪养殖业在这一年中的生产水平有所提高。

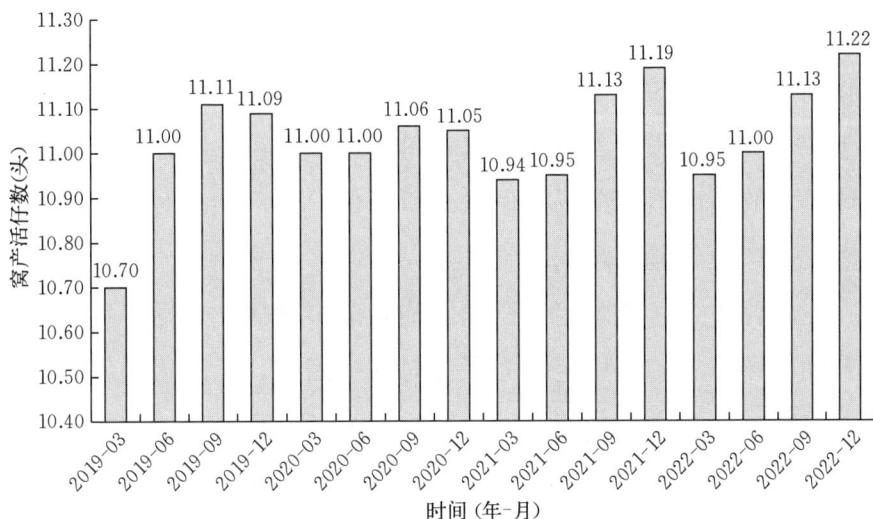

附图 8　2019—2022 年美国各季度窝产活仔数

数据来源：USDA。

同时，这一增长也反映了美国生猪养殖业的稳定性和可靠性。在 2022 年，尽管遇到了一些挑战，如恶劣的天气条件和疾病传播等，但生猪养殖业仍然能够保持稳定的生产水平。这表明，美国的生猪养殖业具有很强的适应能力和抗风险能力，可以在不同的环境中保持高效的生产。

此外，这一增长还表明了美国生猪养殖业的重要性和潜力。在全球范围内，生猪养殖业是一个重要的农业领域，为全球数百万人提供着就业机会。美国作为世界上最大的生猪生产国之一，其生猪养殖业的发展对全球市场和人类健康都有着重要的影响。

2022 年美国生猪养殖的平均每窝生产活仔数保持了稳定增长，这表明该行业在这一年中取得了成功。此外，这一增长也反映了美国生猪养殖业的稳定性和可靠性，以及其在全球市场中的重要性。

美国作为全球猪肉生产的重要国家，一直以来都致力于发展先进的养殖技术，以满足国内市场和全球市场需求。在此基础上，美国猪肉产量一直以来都保持在较高水平。然而，自 2020 年以来，由于中美关系紧张，美国猪肉出口量受到了严重影响，导致美国在全球最大的猪肉消费市场的份额有所降低。这一状况对美国国内的猪肉产量产生了显著影响。

在此背景下，美国猪肉行业面临着诸多挑战，包括养殖成本的上升和市场需求的不稳定。为了应对这一困境，美国猪肉生产商积极寻求转型，加大对养殖技术研发的投入，提高生产效率，降低生产成本。此外，美国猪肉行业还致力于拓展多元化的市场，以减少对单一市场的依赖，降低市场风险。

总之，中美关系紧张对美国猪肉产量产生了不利影响，但美国猪肉行业依然具有较强的市场竞争力和发展潜力。未来，随着美国养殖技术的不断发展和市场需求的变化，美国猪肉产量有望逐步恢复，重新回到较高水平。

三、欧盟生猪生产情况

根据 2022 年的统计数据（附图 9 和附图 10），欧盟 27 国的生猪屠宰量为 2 208 万 t，相较 2021 年出现 5.71％的降幅。

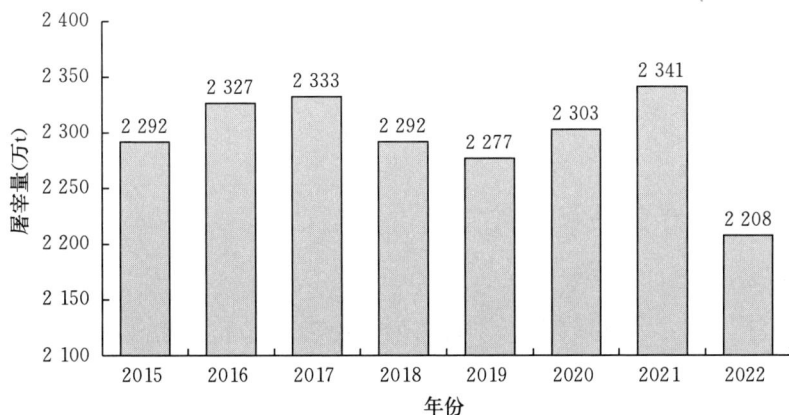

附图 9 2015—2022 年欧盟 27 国生猪屠宰量

数据来源：欧盟统计局。

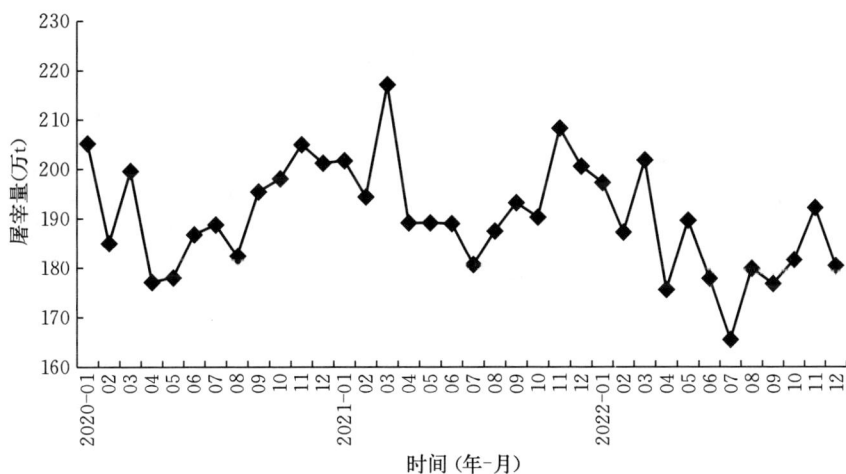

附图 10 2020—2022 年欧盟 27 国月度生猪屠宰量

数据来源：欧盟统计局。

在 2022 年的前七个月里，生猪屠宰量呈现波动下行的态势。详细来看，其数量从 1 月的 197.32 万 t 递减至 7 月的 165.48 万 t。尽管在 8 月后有所反弹，但总体水平依旧在 180 万～190 万 t 之间。欧盟的生猪屠宰业在 2022 年正承受着不小的压力。

附录二　生猪价格走势

一、世界食品和肉类食品价格指数

根据 2022 年的数据（附图 1），全球食品价格指数在一年内上涨了 14.32％，呈现出先扬后抑的走势。年初的 1 月，这一指数为135.6，然而在短短几个月内，这一数字急剧上升至 4 月的 158.4。然而，从 5 月开始，这一指数开始出现下滑趋势，由 5 月的 158.1降至 12 月的 132.4。

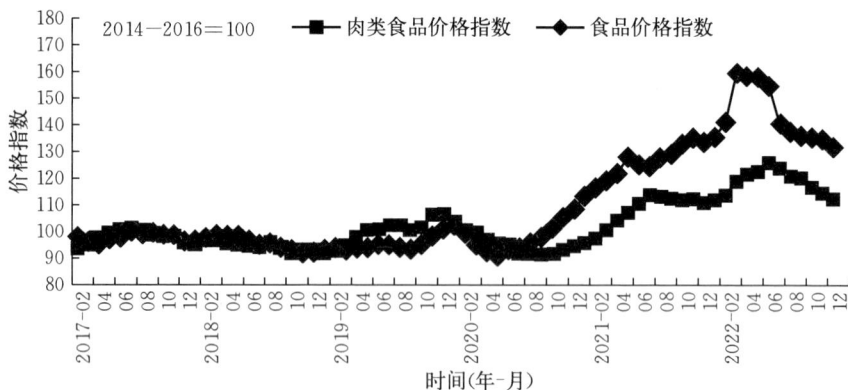

附图 1　2017—2022 年世界食品和肉品价格指数

数据来源：FAO。

同样，2022 年的全球肉类食品价格指数也呈现出类似的先涨后跌的态势。1 月的指数为 112.1，虽然 6 月升至最高点的 125.9，但自 7 月开始，这一指数开始呈现持续下滑的趋势，由 124.1 降至12 月的 113.8。

总的来说，2022 年的全球食品和肉类食品价格指数都经历了显著的波动。先是由于多种因素导致价格上涨，然后又由于市场调整和其他因素影响而开始下跌。这种波动性可能对全球的食品市场和消费者产生深远影响，需要密切关注和进一步分析。

二、美国生猪价格走势

2022 年生猪价格受多重因素影响，展现出复杂多变的趋势。1—8 月期间，美国生猪价格持续攀升，尤其在 8 月，价格达到了 1.89 美元/kg 的年度高峰。然而，由于国内市场生猪供应过剩，9 月开始，美国生猪价格出现下滑，至 12 月降至 1.40 美元/kg，如附图 2 所示。尽管如此，这一价格仍比去年同期上涨了 13.82%。

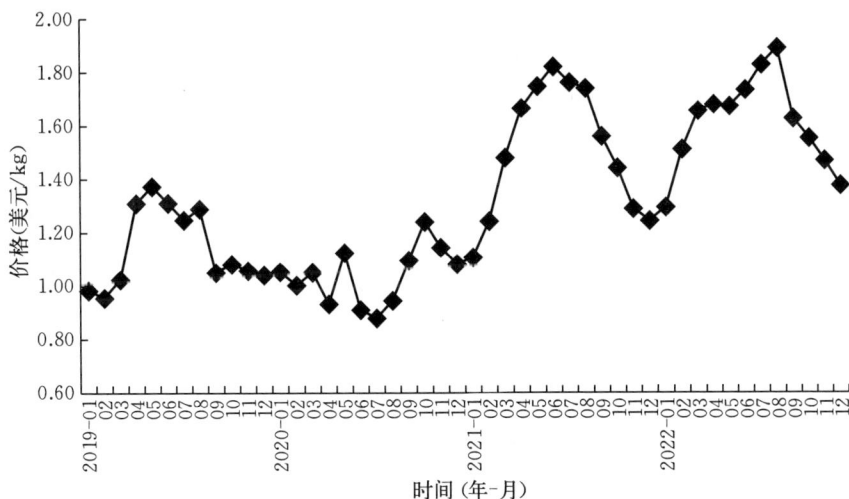

附图 2　2019—2022 年美国生猪价格月度走势

数据来源：USDA。

从月度屠宰量的变动来看，2022 年全年累计屠宰量达到了 1 224.44 万 t，与 2021 年相比下降了 2.45%，其波动趋势与 2021 年相似。这种波动主要受季节性因素影响，1—11 月屠宰量波动较

大，特别是在 3 月和 11 月，月屠宰量分别达到了最高的 111.4 万 t
和 106.63 万 t。而 12 月的屠宰量下降，则主要是由于猪肉消费的
季节性减少，如附图 3 所示。

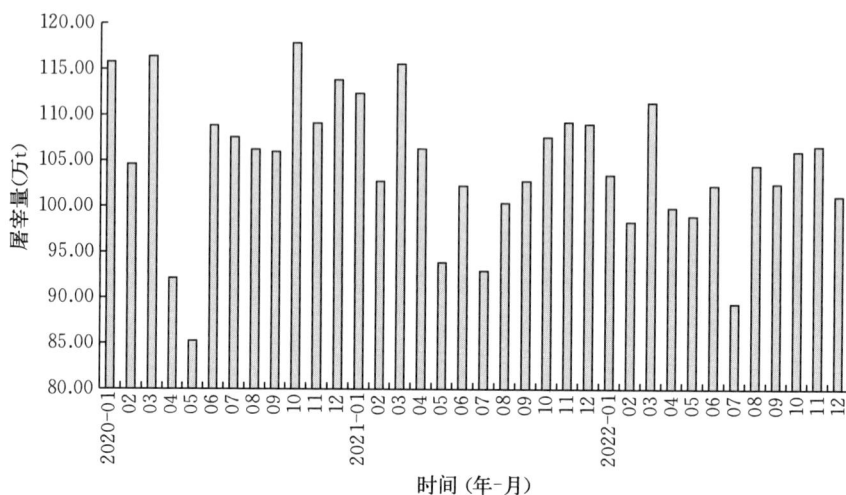

附图 3　2020—2022 年美国生猪屠宰量走势

数据来源：USDA。

2022 年美国生猪价格受到供需关系、季节性因素以及国内市
场动态的共同影响，呈现出先涨后跌的走势。展望未来，随着美国
猪肉消费的季节性回升，生猪价格有望逐渐恢复上涨。

三、欧盟生猪价格走势

根据数据显示（附图 4），2022 年欧盟的生猪价格在上半年
就呈现出了明显的上升趋势。特别是在 3 月，生猪价格达到了
1.7 欧元/kg，环比上涨 28％。进入 6 月后，价格继续上扬，并
一直保持到 9 月。在 9 月，生猪价格更是达到了近 4 年来的最
高值，突破了 2.1 欧元/kg 的大关。这种价格的涨幅相比往年

来说是相当大的。

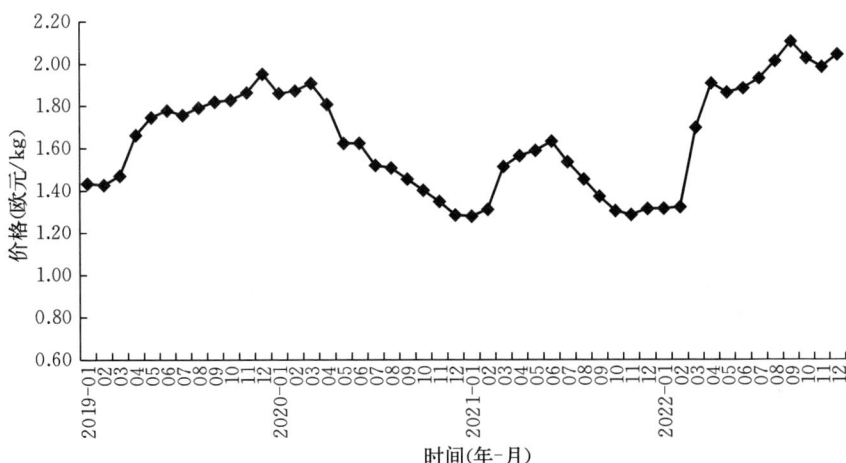

附图4　2019—2022年欧盟生猪价格月度走势

数据来源：英国养猪业委员会。

在考虑这种大幅度的价格上涨时，有很多可能的原因。首先，由于全球新冠疫情的影响，包括中国在内的多个重要猪肉进口国的需求有所增加。同时，由于欧盟内部的生物安全措施，欧盟内部的猪肉产量也有所减少，这进一步推高了价格。此外，由于饲料成本的上涨，也导致了生猪养殖成本的增加，这也在一定程度上推动了价格的上升。

另一个值得注意的现象是，这种高价位的生猪价格在2022年下半年并未出现任何回落的迹象。即使在全球经济的背景下，生猪价格仍然保持在高水平，这是否会成为一个新的常态，还有待观察。对于欧盟的农民和相关产业来说，这无疑是一个好消息。然而，对于消费者来说，由于物价普遍上涨，这种高价的猪肉可能会给他们的日常生活带来一定的压力。

总的来说，2022年的欧盟生猪价格表现异常强劲，而且看起来这个趋势还将继续保持一段时间。未来的市场走向将会受到多种因素的影响，包括全球经济形势、猪肉的供需关系、饲料成本等等。对于相关的农业和畜牧业者来说，密切关注市场动态并做出相应的策略调整是至关重要的。而对于消费者来说，只有密切关注市场动态，才能更好地了解并应对这种可能的物价压力。

附录三　猪肉和活猪国际贸易状况

一、世界猪肉贸易量略有下降

2022 年全球猪肉贸易的下滑除了中国进口猪肉量的减少和国内生猪产能的恢复之外，还有其他因素的影响。一些主要出口国的出口量也有所减少，例如德国和荷兰的出口量分别下降了25.8％和 17.2％。这可能是由于这些国家的生猪产量下降或者国内需求增加导致供应减少。此外，全球疫情的影响也可能对猪肉贸易产生了负面影响，包括贸易壁垒、物流不畅和消费者需求下降等因素。

在全球猪肉贸易下滑的同时，不同国家和地区的贸易趋势和原因也有所不同。除了中国进口量的减少，一些新兴市场国家的经济增长和国内消费增加也可能导致出口量下降。另外，一些地区的贸易摩擦和关税争端也可能对全球猪肉贸易产生了不利影响。

尽管全球猪肉贸易量出现了下滑，但从长远来看，随着全球经济和消费市场的恢复，猪肉贸易还有可能恢复增长。同时，对于中国而言，随着生猪产能的恢复和进口政策的调整，猪肉进口量也有望逐步恢复。对于全球猪肉生产和出口企业来说，需要密切关注市场动态和政策变化，及时调整生产和出口策略，以适应不断变化的市场环境（附图 1）。

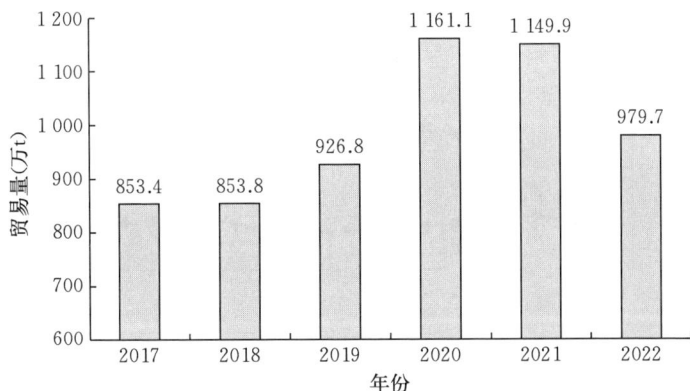

附图 1　2017—2022 年世界猪肉贸易量

数据来源：USDA。

二、美国猪肉出口量大幅度下降

根据美国农业部报告（附图 2），2022 年美国猪肉出口总量为 289.8 万 t，较前一年下降 9.67%。尽管出口数量有所减少，但出口市场整体保持稳定。墨西哥仍是美国猪肉最大出口国，占出口总量的 36.84%，与 2021 年基本持平。

然而，值得注意的是，美国自 2020 年以来猪肉对中国的出口份额持续下降，2022 年出口仅占整体出口的 9.70%。这可能与多种因素有关，例如国际贸易政策变化、市场需求变化以及生产成本波动等。

此外，日本和韩国是美国猪肉出口的两个重要市场，分别占据了出口总量的 17.11% 和 8.46%（附图 3）。这些数据表明，美国的猪肉出口市场具有多样性，不同市场受到的影响因素各不相同。

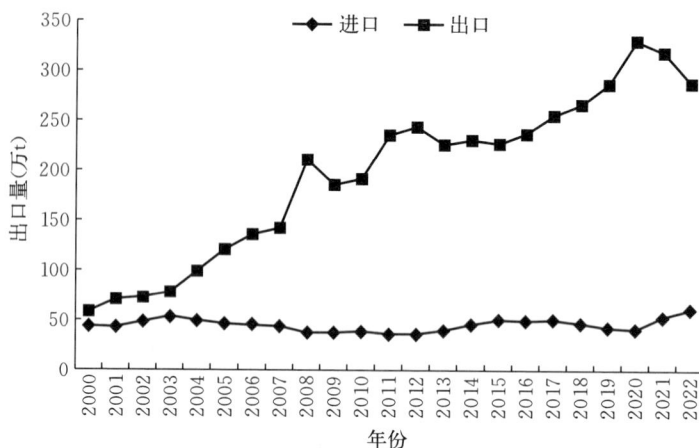

附图 2　2000—2022 年美国猪肉进出口量

数据来源：USDA。

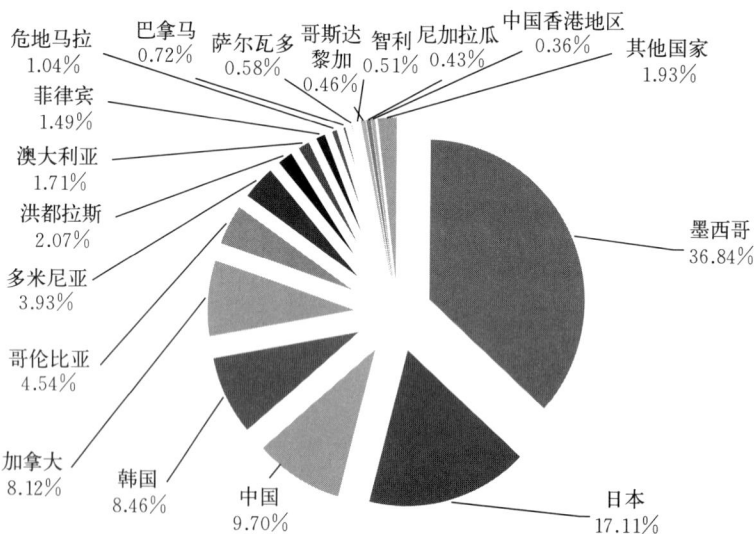

附图 3　2022 年美国猪肉出口目的地分布

数据来源：USDA。

总的来说，2022 年美国猪肉出口总量有所下降，但其出口市场结构保持相对稳定。墨西哥仍是美国猪肉的最大出口国，而中国市场份额的下降可能是受到多种因素的综合影响。这些变化反映了国际贸易形势的复杂性，也对未来猪肉出口市场的预测提出了挑战。

三、欧盟猪肉出口量略有下降

2022 年欧盟的猪肉出口总量为 390 万 t，同比下降 21.8%，这一现象主要源于欧盟对中国的猪肉出口大幅下滑。尽管中国仍然是欧盟猪肉的最大出口目的地，但在 2022 年，其占欧盟猪肉出口总量的比例已由 2021 年的 53.31% 大幅下滑至 33.10%。这一数据下滑幅度之大，令人瞩目（附图 4）。

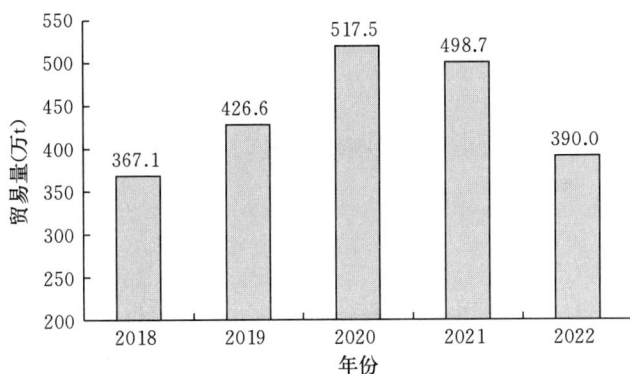

附图 4　2018—2022 年欧盟对外猪肉出口量

数据来源：USDA。

尽管中国对欧盟猪肉的需求下滑，但除中国之外，日本、韩国、菲律宾和越南仍然是欧盟猪肉的主要出口目的地。值得关注的是，2022 年欧盟对这四个亚洲主要猪肉进口国的猪肉出口保持稳定，并未受到类似中国市场的冲击（附图 5）。

总的来说，尽管欧盟猪肉出口总量在 2022 年有所下滑，但其对亚洲主要猪肉进口国的出口表现仍然稳定，这可能预示着欧盟猪

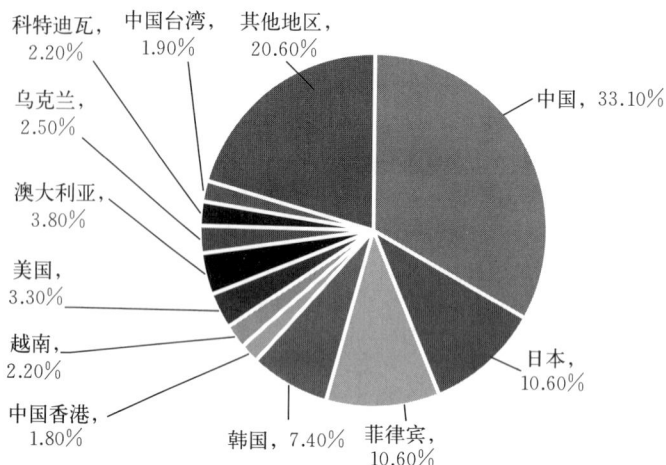

附图 5　2022 年欧盟猪肉出口目的地分布

数据来源：欧盟统计局。

肉在全球市场上的地位并未发生根本性改变。然而，面对中国市场的变化，欧盟需要重新审视和调整其出口策略，以保持其猪肉出口的竞争力。

附录四　饲料原料生产和价格情况

一、玉米产量小幅度上升，价格历史高位

2021—2022 年度全球玉米产量为 12.02 亿 t，比 2020—2021 年度上升了 6%。美国和中国是全球第一大和第二大玉米生产国，占全球比重分别为 31.94% 和 22.67%（附表 1）。

在玉米价格走势方面，关注焦点主要集中在美国市场的动态上（附图 1）。受到俄乌冲突和极端天气等多重因素的影响，2022 年美国

附表 1　2015—2021 年度全球玉米主产国家（地区）的玉米产量（万 t）

	2015/16	2016/17	2017/18	2018/19	2019/20	2020/21	2021/22
全球	97 345	107 599	107 618	112 449	111 475	113 389	120 201
美国	34 551	38 478	37 096	36 629	40 629	36 025	38 394
中国	22 463	21 955	25 907	25 733	26 000	26 067	27 255
巴西	6 700	9 850	8 200	10 100	10 600	10 900	11 500
欧盟	5 875	6 145	6 210	6 421	6 830	6 360	6 996
乌克兰	2 333	2 800	2 412	3 581	3 900	2 950	—
阿根廷	2 950	4 100	3 200	5 100	5 000	4 750	5 400
印度	2 257	2 626	2 872	2 723	2 750	2 850	3 000
加拿大	1 356	1 319	1 410	1 389	1 560	1 356	1 398
南非	821	1 748	1 353	1 180	1 400	1 600	1 700
墨西哥	2 597	2 757	2 745	2 760	2 800	2 800	2 760
俄罗斯	1 317	1 531	1 323	1 142	1 450	1 400	1 500
印度尼西亚	1 050	1 090	1 140	1 200	1 200	1 200	1 200

数据来源：USDA。

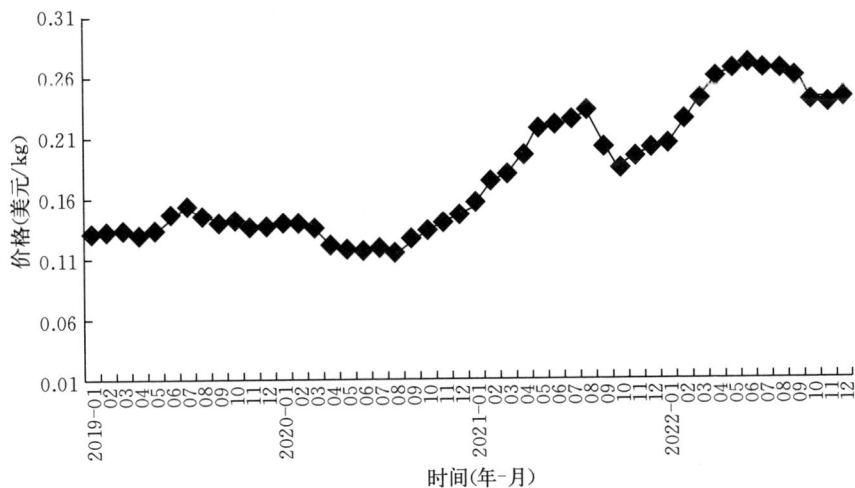

附图 1　2019—2022 年美国月度玉米价格走势

数据来源：USDA。

芝加哥的玉米期货和现货交易价格攀升至历史高点。与 2021 年相比，2022 年的玉米月度平均价格大幅上涨了 25.20%，从 0.198 美元/kg 跃升至 0.248 美元/kg。

从月份角度来看，1—6 月，玉米价格呈现出持续上涨的态势。价格从 1 月的 0.205 美元/kg 开始，一路攀升至 6 月的 0.271 美元/kg，达到历史新高。然而，在 9—11 月期间，价格出现了一定程度的回落。尽管在 12 月价格略有回升，达到 0.242 美元/kg，但仍未能恢复至先前的高位水平。

总体而言，2022 年的玉米市场表现出较大的波动性，这主要源于全球供应链的不稳定以及天气等自然因素的干扰。这也进一步凸显了农业领域中价格变动风险的不可预测性。

二、大豆产量小幅度上升，价格大幅上升

在 2021—2022 年度，全球大豆总产量达到了 3.86 亿 t。其中，美国的大豆产量居全球首位，达到了 11 988 万 t，增长了 6.52%，占全球总产量的 31.10%。巴西则紧随其后，产量达到了 14 400 万 t，增长了 5.11%，占全球总产量的 37.35%。阿根廷的大豆产量位列第三，产量为 5 200 万 t，增长了 10.64%，占全球总产量的 13.49%（附表 2）。

附表 2　2014—2021 年全球大豆主产国家（地区）的大豆产量（万 t）

	2014/2015	2015/2016	2016/2017	2017/2018	2018/2019	2019/2020	2020/2021	2021/2022
全球	31 978	31 377	35 132	34 418	36 128	33 942	36 407	38 552
美国	10 688	10 686	11 692	12 007	12 052	9 667	11 255	11 988
巴西	9 720	9 650	11 410	12 340	11 970	12 850	13 700	14 400

（续）

	2014/2015	2015/2016	2016/2017	2017/2018	2018/2019	2019/2020	2020/2021	2021/2022
阿根廷	6 140	5 680	5 780	3 780	5 530	4 880	4 700	5 200
中国	1 215	1 179	1 290	1 528	1 597	1 810	1 960	1 900
印度	871	693	1 150	835	1 093	930	1 045	1 120
巴拉圭	815	922	1 067	1 105	852	1 010	990	1 050
加拿大	605	646	655	772	742	615	635	640

数据来源：USDA。

在全球范围内，大豆产量的大幅增长主要得益于以下几个因素。首先，美国大豆产量增长 6.52%，实现了连续多年的增长。其次，巴西大豆产量虽然略微增长，但仍然保持了全球第二的地位。再次，阿根廷大豆产量实现了跨越式发展，成为全球第三大大豆生产国。此外，其他国家和地区的大豆产量也呈现出不同程度的增长，如加拿大、澳大利亚、俄罗斯等。

在全球大豆市场需求方面，2021—2022 年度表现出稳定增长趋势。根据联合国粮食及农业组织（FAO）的数据，2021 年全球大豆消费量约为 3.54 亿 t，比上年增长 0.5%。其中，进口量增长 4.4%，反映出全球大豆市场的前景依然乐观。

然而，值得注意的是，全球气候变化和自然灾害对大豆生产带来了一定的影响。例如，2021 年南美洲遭遇了严重的洪涝灾害，导致大豆产量受到一定程度的影响。此外，国际市场价格波动也对大豆生产国产生了一定压力。

2022 年，全球大豆市场供应量的增加使得原本紧张的大豆供应局势得到了缓解。然而，由于中国作为全球最大的生猪生产国，其生猪产能的快速恢复，使得饲料原料豆粕的需求持续增长，从而对国际大豆价格产生了一定的影响。2022 年美国大豆的月度平均价格为 0.546 美元/kg，与去年同期相比上升了 13.05％。

全球大豆市场的变化是一个复杂的现象，它受到多种因素的共同作用。天气变化、贸易政策以及全球经济增长等都是影响大豆价格的重要因素。尽管中国生猪产能的恢复增加了对豆粕的需求，但这只是众多影响因素之一。

首先，天气因素在决定大豆供应量方面起着至关重要的作用。2022 年，全球许多大豆主产区的天气条件并不理想，导致大豆产量减少。因此，尽管全球大豆市场供应统计数据显示有所增加，但实际的大豆供应量可能并未达到预期水平。

其次，贸易政策也对大豆市场产生了影响。在全球贸易紧张局势下，各国为保护本国农业，纷纷采取了一系列贸易保护主义政策。这使得大豆的国际贸易环境变得更为复杂，进而对大豆价格产生了影响。

最后，全球经济增长也是影响大豆市场的重要因素之一。随着全球经济的复苏，人们对食物的需求也在不断增加，这进一步拉动了大豆的需求。同时，经济增长也推动了农业技术的进步，提高了大豆的产量，从而在一定程度上缓解了供应压力。

尽管中国生猪产能的恢复增加了对豆粕的需求，使得大豆供应紧张的局面得以缓解，但全球大豆市场的供应仍是受到多方面因素的共同影响。这些因素的综合作用使得 2022 年美国大豆的月度平均价格达到了 0.546 美元/kg，与去年同期相比上升了 13.05％（附图 2）。

展望未来，全球大豆产量和消费量仍将继续受到多方面因素的影响。随着全球经济逐步复苏，粮食需求有望增加，从而带动大豆产量和消费量的增长。此外，通过科技创新和可持续农业发展，大

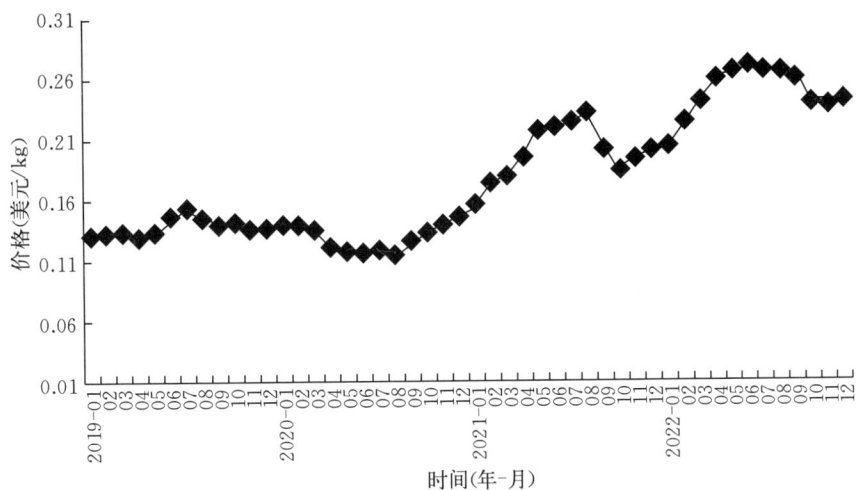

附图 2　2019—2022 年美国月度大豆价格走势

数据来源：USDA。

豆生产国可进一步优化生产结构，提高生产效率，满足全球市场的
需求。

图书在版编目（CIP）数据

2022 年中国生猪市场发展报告 / 张海峰，谢铿铮，王祖力主编. -- 北京：中国农业出版社，2024. 11.
ISBN 978 - 7 - 109 - 32149 - 6

Ⅰ. F326.3

中国国家版本馆 CIP 数据核字第 2024ZN4816 号

2022 年中国生猪市场发展报告

2022 NIAN ZHONGGUO SHENGZHU SHICHANG FAZHAN BAOGAO

中国农业出版社出版

地址：北京市朝阳区麦子店街 18 号楼

邮编：100125

责任编辑：杨晓改　林维潘

版式设计：王　晨　　责任校对：吴丽婷

印刷：北京中兴印刷有限公司

版次：2024 年 11 月第 1 版

印次：2024 年 11 月北京第 1 次印刷

发行：新华书店北京发行所

开本：700mm×1000mm　1/16

印张：12

字数：145 千字

定价：98.00 元